JN029278

自主練もドリブル塾もない

スペインで「上手い選手」が育つワケ

Por qué los buenos jugadores se forman en España, donde no hay entrenamiento matutino ni escuela de regate.

小澤一郎

目次

1-4 才能の発掘と育成——スペインは「選手の発掘」が不要 54

1-5 スポーツ文化と環境——日本とは異なるスポーツ観とサッカー観 63

第2部

日本の課題と解決策 113

2-2

育成システム——リーグ戦やカテゴリーの整理で多くの問題は解決できる

139

第3部

サッカーを通じて、日本の教育や価値観も変えていく 205

3-3 仕事にも生きるスキル、考え方を身につける 218

冨樫剛一 特別対談 231

DTP 広田正康
編集 竹之内佑允
編集協力 古澤誠一郎
装丁 大場君人

まえがき

スペインではFCバルセロナのガビ（2004年生まれ）やヤマル（2007年生まれ）、クバルシ（2007年生まれ）のように、10代からトップチームでデビューし、瞬く間にスターになる選手が毎年のように出てきます。彼らがテクニックに優れているだけでなく、10代にして〝大人びたプレー〟を見せることに驚いている人たちも多いでしょう。

では、スペインの選手たちは、子供の頃に一体どんな練習をしてきたのでしょうか。

この本では、サッカージャーナリストとしてスペインのプロクラブの下部組織を取材し、現地のクラブでコーチを務めた経験もある私の体験を交え、詳しく解説していきます。

簡単な結論を先に書いてしまうと、スペインの育成年代では、特別変わった練習は行われていません。子供の頃から「普通のサッカーをしているだけ」です。

「普通のサッカー」とは、戦術やシステムがあり、ポジションごとに求められるタスクがあり、相手チームや相手選手との駆け引きのあるサッカーです。そして、ピッチ上の選手たちに主体的な判断が求められます。

つまり、大人と同様のサッカーです。

そうしたサッカーが日本の育成年代で行われているかというと、決してそうではありません。

私は日本サッカーの育成年代の取材も継続的に行ってきました。また2人の息子（本書発売時点で小学5年生と2年生）が地域の少年団でプレーしていることもあり、街のサッカークラブの指導や運営を間近で見てきましたし、指導者や保護者とも直に接してきました。本書ではその経験も交えながら、「普通のサッカー」をできる環境がない、日本の育成年代のサッカーの問題点についても触れていきます。

日本とスペインでは、練習内容だけでなく、育成システムやグラウンドなどの環境、サッカー文化のあり方も大きく異なります。

スペインでは年間を通じたリーグ戦が小学生の年代から各州で行われており、2年刻みで年代のカテゴリーが移ります。各カテゴリー内ではチームの昇降格がありますし、優れた能力を持った選手は、上の世代への飛び級が可能です。

つまり、優れた選手を上へと引き上げ、自分のレベルに合った環境でプレーできる仕組みが用意されています。そしてチームの環境が自分に合わなければ移籍も可能なので、才能が埋もれてしまうこともありません。

一方の日本は6・3・3・4（小学校、中学校、高校、大学）という学校教育の枠組みに縛られたカテゴリー分けがされています。移籍やカテゴリーを超えた飛び級も難しく、優れた才能のある選手を上手く伸ばせない環境があります。

また年間を通じたリーグ戦が十分に整備されていないことも、サッカーをとりまく環境にさまざまな悪影響を及ぼしています。地域に根付いた少年団は〝パパコーチ〟などのボランティアに頼って運営されていますが、コーチはマッチメイクや練習場の確保、子供の送迎の配車決めなどの雑務に忙しく、肝心の指導に集中できていません。そのためスペインのような、大人と同様の「普通のサッカー」を指導することは難しくなっています。

そうした指導を「当たり前のもの」と思っている子供や保護者たちは、サッカーの本質を理解しにくい状況です。そのため、SNS映えするテクニックを身につける「ドリブル塾」が流行したり、教育熱心な保護者のあいだではサッカーも〝お受験〟のような扱いになったりと、新しい問題も生まれてきています。そして、サッカーの楽しさを理解する前に、学校受験のために小学生の段階でサッカーを辞めてしまう子が出てきてしまう…という悪循環が起きています。

本書で書いている日本サッカーの育成年代の問題点は、私がスペインから帰国した2010年頃、つまり10年以上前からさまざまなメディアに書き続けてきたことが大半です。しかし状況は変わっておらず、むしろ悪化している感覚さえもあります。

サッカーをしている子供の99%以上はプロにはなりません。ただし、サッカーの本質を理解し、「普通のサッカー」を楽しみ、本気で打ち込むことができれば、サッカー以外の分野にも通用する地頭（じあたま）を養うこともできます。本書では、そうしたサッカーの教育効果についても第3部で詳しく書いています。

サッカーを通じて子供に成長してもらうには、サッカーの競技特性と本質を、子供たちにも親たちも理解してもらうことが必要です。何より、日本のサッカーの育成システム全体を見直すことが必要だと私は考えています。

そして、日本のサッカーの育成環境を見直すことは、日本社会の旧来的な価値観を見直し、それを変えていく足がかりにもなるでしょう。

第1部

スペインの育成は何が凄いのか

1-1 スペインの「普通のサッカー」とは何か

5歳の頃から大人と同じ「普通のサッカー」をする

第1部ではまず、スペインの育成年代のサッカーの特色を、日本との比較を交えながら紹介していきます。冒頭に書いたように、スペインの育成年代は特別な練習はしておらず、魔法のようにサッカーが上手くなる練習法もありません。プロサッカーの最先端の戦術トレンドを無闇に追いかけているわけでもなく、日本で流行中の「ドリブル塾」のような個別の技術に特化したスクールもありません。

本当に、「普通のサッカー」をやらせているだけです。

より具体的に書くと、サッカーを始めたばかりの5～7歳の子供の練習でも、ごく普通にシステムがあり、各自のポジションがあり、ポジションごとのタスクが与えられるサッカーをしています。つまり、スペインのサッカー選手たちは、子供の頃から「戦術的な指導」を受けています。子供たちは様々なシステムや戦術を経験しながら、それぞれの場面で求められるポジショニングなどを、しっかり指導されているのです。

言い換えれば、サッカーの基礎や本質を、子供の頃からしっかり教えているということです。

それが可能なのは、スペインには**「育成年代は選手の土台となる能力を育むもの」**という極めて真っ当な考え方が浸透しているからでしょう。

元日本代表監督の岡田武史さんも「スペインの選手が16歳までにサッカーのプレーモデル（型）を覚えることに強いインパクトを受けた」といったことを著書『岡田メソッド』（英治出版）で書かれていましたが、同じように驚く日本人は多いはずです。日本の育成は、小さい頃は基礎的な足元の技術を身につけたうえで、試合では自由にプレーさせて、そこから徐々に戦術を教えていく…という流れになっており、スペインとは順番が逆だからです。

「認知」「分析」「決定」「実行」のプロセスがあるという共通認識

この本では「普通のサッカー」や「サッカーの本質」といった言葉を繰り返し使います。そこでまず、スペイン人のサッカーの捉え方を簡単に紹介しておきます。

まず、サッカーの本質を理解するうえで知っておいてほしいのが、スペインの**「PAD+E」という概念**です。

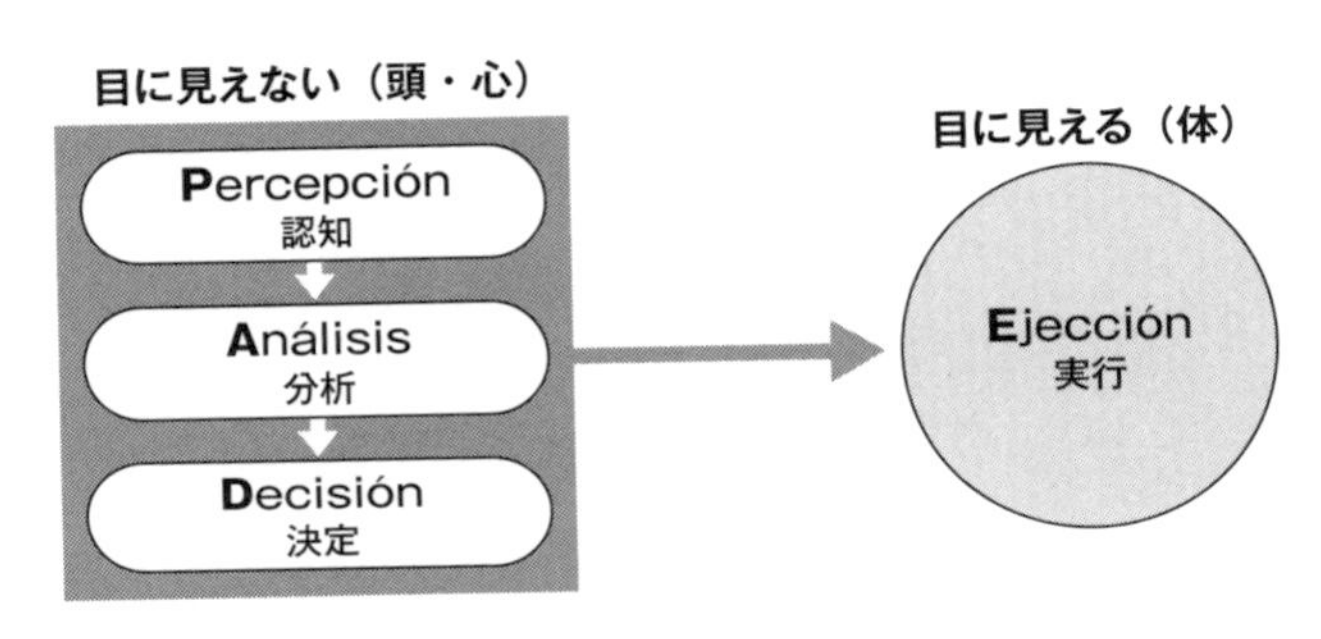

これは、サッカーのプレーの４つのプロセスを表す、以下のスペイン語の頭文字をとったものです。

・ペルセプシオン［Percepción 認知］
・アナリシス［Análisis 分析］
・ディシシオン［Decisión 決定］
・エヘクシオン［Ejección 実行］

最初のペルセプシオン［認知］とは、周囲に目を配って敵味方、スペースなどの周辺状況を把握することです。その次のアナリシス［分析］は、認知した状況を自分なりに分析することです。次のディシシオン［決定］は、分析した状況を踏まえて、「右にトラップしよう」「左にドリブルしよう」「ワンタッチではがそう」とプレーの選択を決めることです。そして最後のエヘクシオン［実行］が、実際に行うプレーになります。

日本においては、最後の「実行」の部分のドリブルやパス、シュートの技術ばかりが注目され、その技術が高い選手が「サッカーが上手い」と言われることが多いです。しかし、ボールの扱いの上手さは、「サッカーの上手さ」の一側面に過ぎません。スペインには「認知」「分析」「決定」の能力が高く、「サッカーを上手くプレーする選手」という意味での上手い選手がたくさんいます。

具体的にどんな選手が「サッカーを上手くプレーする選手」なのかというと、試合の場面や、監督から求められた役割に応じて、常に適切で効果的なプレーを選択・実践できるような選手です。日本人が使う言葉で言えば「サッカーを知っている選手」という言葉に近いかもしれませんし、スペインでは「プレーすることを知っている」と表現します。

サッカーのプレーに「認知」「分析」「決定」「実行」という4つのプロセスがあることは、実際にプレーをする子供はもちろん、その保護者の方にもぜひ知ってほしいことです。足元の技術(「実行」の能力)を磨くことだけが「サッカーが上手くなること」ではないと理解できると、サッカーへの取り組み方は大きく変わるはずです。

世界のトップ選手のプレーは、高度な認知・分析・決定の能力があってこそ可能

サッカーのプレーにこの4つのプロセスがあることを知っておくと、プロのサッカーの試合の見方も変わります。世界トップレベルの選手たちは、**ボールを扱う技術以前のプロセスで局面を打開することも多い**からです。

現代サッカーでは、守備側のチームも前線から激しいプレスをかけます。そのため攻撃側のチームは、ただボールを回すだけでなく、高度な「認知」「分析」「決定」の能力を働かせ、相手のプレスを上手く回避してボールを相手ゴール方向に前進させる必要があります。

その前進に成功した場面をよく見ると、上手な選手は50㎝程度のポジショニングの違いや、ボールを受ける際の身体の向きの工夫などで、狭いエリアでボールを受けたり、トラップ一発で相手をかわして前を向いたりしていることが分かるはずです。

そうしたプレーは、足元の技術だけでなく、高度な「認知」「分析」「決定」の能力があってこそ可能です。また**高度な「認知」「分析」が行えていると、パスを選択する場合もプレーの決定が早くなり、より効果的なボールを素早く配給できます。**

バイエル・レバークーゼンの指揮官としてセンセーションを巻き起こしているシャビ・アロン

ソ監督が、以下のような面白い話をしていました。

「『両チームのシステム』と『どこでギャップが生まれるか』を事前に把握しておけば、自分の目の前に相手選手が何人いるかを見るだけで、逆サイドにいる相手選手の数も分かるし、味方の誰がフリーになっているかも分かる。だから自分たちのチームはプレーを高速化できるんだ」

これもプレーにおける「認知」「分析」「決定」の側面の大切さを物語る話だといえるでしょう。シャビ・アロンソの指揮するレバークーゼンに限らず、世界のトップ選手のプレーを見ていると、「何でそこに味方がいるって分かった？」と驚くようなパスをする場面があります。そうしたパスの裏側には、シャビ・アロンソが話したようなシステムの理解や、「ボールを受けながら間接視野で敵・味方の位置を把握する」「相手選手の動きから味方の位置を把握する」といった非常にハイレベルな認知、分析があることが多いのです。

この「ＰＡＤ＋Ｅ」の概念を知っていると、世界のトップ選手たちは、本当に頭を使ったプレーをしていることが理解できるでしょう。

サッカーとは社会的スポーツであり、頭を使うスポーツである

さらに「ＰＡＤ＋Ｅ」の概念からは、スペイン人にとってサッカーが、ドリブルやパス、シュートの上手さだけを競うようなスポーツではないということが分かるはずです。「認知」「分析」「決定」「実行」というプレーの４つのプロセスには、周囲の味方と敵の状況、スペースが関わってきます。もちろん、チームのシステムや戦術も関わってきます。

そうしたサッカーの本質に触れていくと、サッカーが頭を使うスポーツであり、非常に知的な側面も持っているスポーツだと分かってくるでしょう。

スペインのサッカー関係者もそうした認識を当然持っています。たとえば元ＦＣバルセロナの伝説のフィジコ（フィジカル部門責任者）であるフランスセスク・セイルロは、サッカーを**「社会的活動を伴うスポーツ」**と定義しており、ピッチ上の選手には「役割」や「仕事」が与えられるとしています。そして選手のプレーには、「スペース」「相手チームの意図」「時間」といった様々な要素が相互作用を及ぼし、そこには不確定要素も含まれると言及しています。

つまりサッカーは、**チームという組織内で、役割を分担してプレーするスポーツであり、相手チームの意図や戦況を読んだり、その場に応じて選手一人ひとりの判断が求められたりするス**

ポーツです。

そしてスペインの育成年代の練習には、その能力を育むメニューが自然と組み込まれています。だからこそ子供たちが「普通にサッカーをする」だけで、ボールを扱う技術以外のさまざまな能力が向上するのです。

「人間形成」という言葉を一切聞かないのに教育効果が高いワケ

子供たちが「普通のサッカー」に取り組むことの教育効果についても、簡単に触れておきます。日本では「スポーツを通じた人間形成」といった言葉をよく聞きますが、私はスペインで「サッカーを通じた人間形成」といった言葉を一度も聞いたことがありません。欧州の人たちが育成年代のサッカーに求めているのは**「サッカーを楽しんでもらうこと」であり、親もそこに教育的な効果を求めていないから**です。

ただ、サッカーは集団でプレーするスポーツです。そのため味方同士でうまくコミュニケーションをとり、人間関係を構築することが大事になります。また、監督がチームのベースを整え、組織としての目標を掲げて選手を導かないと、選手たちも上手くプレーできず、チームとして機能しないスポーツでもあります。そしてピッチに出たら、個々の選手が自分で判断をして、自分で行動を起こすことが求められます。目の前の相手の意図を読んだり、その裏をかいたりといった駆け引きも必要になります。そのためサッカーは**〝非常に人間くさいスポーツ〟**ともいえるわけです。

スペインの育成年代では、そうしたサッカーの本質への理解があります。そのため、「普通のサッカー」をすることが、自然とコミュニケーション能力や社会性の向上につながり、子供たちの人間形成にも結果として良い影響を与えているのでしょう。

一方の日本では、今でも学校の部活動を中心に「教育」や「人間形成」という言葉を打ち出してサッカーに取り組んでいるのに、その言葉と実態が乖離(かいり)しているケースが多い現状です。その理由は「普通のサッカー」をしていないからというのが私の見解です。日本の育成年代のサッカーの何が「普通」ではないのかは、第2部で詳しく解説しています。

選手が試合でパスを回してもらえないのも、サッカーの本質の理解不足が原因

もう一つ、日本とスペインのサッカーの違いを象徴する例を挙げておきます。日本で将来を嘱望(しょくぼう)されている高校生や大学生の選手が、スペインのクラブに留学したものの、ゲーム形式の練習でほとんどパスを回してもらえなかった…というケースを私は何度も見てきました。

サッカー留学をする学生に限らず、海外に渡った日本人選手が練習や試合でパスをもらえないのはよくある話です。「コミュニケーション能力が低く、自己主張ができないから」「外国人だからチーム内で阻害されている」といった理由が挙げられることが多いですが、私は単純に「サッカーの本質を知らないから」だと認識しています。

11人のチームでプレーし、相手チームにも11人の選手がいるサッカーにおいて、味方からパスをもらうには、周辺の状況を適切に認知・分析して、ボールを前進するために効果的なポジションを取ることが大事になります。

これはサッカーにおいて非常に本質的なことです。私が見てきたスペイン留学した高校生には、「ボールホルダーのプレーエリアを狭くするポジション」「他の選手と重なるポジション」などでボールを受けようとして、結果として無視されている（パスが回ってこない）ケースが多くありました。つまり、**「サッカーを知らない」**からこそ、彼らはボールを受けられなかったわけです。

また、仮にボールを受けられても、「ゴールを背にした状態」でばかりボールを受けている選手は、ボールを前進させられないので、指導者からの評価は低くなりますし、チームメイトからもボールは回ってこなくなります。

そうした状態になると、選手は焦ってあちこち動き回り、さらに意味のないポジションでボールを受けようとします。スペインに留学した日本人には、そうやって「ピッチで迷子になる」選手が多くいます。

その逆に、適切で効果的なポジションを取りさえすれば、実は簡単にパスが回ってきます。実際、スペインのようなサッカーの上手い選手が多い国では、いいポジションを取っている選手がいれば、たとえそれが外国人でも新加入選手でも、すぐにボールを回してくれます。

日本人の高校生や大学生が、そうしたポジショニングを取れないのは、**育成年代で「サッカーの本質」を学んでいないから**といえるでしょう。

1-2 練習内容

——スペインの子供たちの練習は日本と何が違うのか

「団子サッカー」にならない理由とは

では、スペインの育成年代が具体的にどのような練習をしているのかを見ていきます。日本で「子供たちのサッカー」と聞くと〝団子サッカー〟を思い浮かべる人が多いでしょう。戦術もシステムもなく、ボール目掛けて敵味方の子供たちが一斉に群がり、お団子のような状態になってしまうサッカーです。ボールが団子の外に飛び出ても、またボールに向かって子供たちが集まっていくので、そこには戦術やシステムといった概念はありません。

もちろんスペインでも、サッカーを始めたばかりの子供はボールに群がって「団子サッカー」になりがちです。ただ、その団子に指導者がきちんと介入し、「君はこのポジションだから、この場面ではボールに寄らずにこういうポジションを取りなさい」といったことを小さな子供にも伝えます。

私がスペイン在住時代に驚いたのは、サッカーをはじめたばかりの低学年の試合でも、指導者が審判とは別にピッチ内に入り、子供たちが団子サッカーにならないよう介入してポジションを取らせていた光景です。

どれだけ小さな子供でも、ポジションを与え、必要な動きを教えれば、団子サッカーにはなりません。サッカーは戦術的なスポーツのため、選手を適切に配置できれば、効果的なパス回しもできるようになりますし、効果的な守備も可能になります。相手チームのシステムや戦術との兼ね合いで、知的な駆け引きも生まれてきます。スペインではそうやって、小学校低学年の頃から「普通のサッカー」に少しずつ触れていくのです。

小学1年生でも「ゴールキックからの組み立て」を練習する

2022年9月に家族でスペイン旅行に訪れた際、私は2人の息子を連れていき、街クラブの練習に参加させました。当時は上の子供が小3で、下の子供が幼稚園の年長。その年代でも、日本の同年代との練習は全く内容が違いました。

幼稚園の年長の息子が入った小学1年生のチームの練習は、非常に実践的なものでした。その日は練習がはじまると、コーチは「週末の試合ではゴールキックからのボールの組み立てが上手くできなかったから、今日はそこから練習してみよう」と話し、ゴールキックからのパス回しの練習をはじめました。

小学1年生でも年間を通じたリーグ戦があるスペインでは、このように**「試合で上手くできなかったこと」をテーマに練習することが多い**です。練習と試合が分離されずに、試合で分かった課題に基づいて練習が行われ、練習で行われたことが試合で生かされているのです。その日は、ゴールキックのときの選手の立ち位置なども、細かく指導をしていました。

なおスペインの小学1年生の年代のサッカーは基本的に7人制ですが、バレンシア州は特殊で日本と同じ8人制です。幼稚園生や小学校低学年では5人、6人と更に少人数にしている地域もあり、子供の年齢やレベルに応じた人数調整こそ「プレーヤーズ・ファースト」だと感じます。1チームの人数は大人のサッカーとは違いますが、子供たちは大人と同じような練習をしています。私が見たのは小学1年生のチームの練習でしたが、おそらく幼稚園生でも同じような練習をしているでしょう。もちろんこの年齢だと、指導者の指示通りに動けない子もいますが、そうした子供たちにもしっかり指導者は向き合います。

一緒に見学していた妻は「小さな子がこんな戦術的な練習をするの⁉」と驚いていましたが、スペインでは小学校低学年でも「試合で上手くいかなかったことを練習する」のが日常です。**練習の目的は、あくまで「試合で上手くプレーすること」にあるから**です。

これは考えれば非常に当たり前のことですが、日本の小学生は、一部の指導環境が整ったチームを除き、こうした練習をほとんど行いません。私の下の子は幼稚園の年中から地元の少年団に入りましたが、小学校1年生までの3年間でゴールキックやフリーキック、スローインなど、試合で必ず起きるシチュエーションの練習をしたことがありませんでした。妻はそういった練習を日本で見ていたので、あまりのスペインとの違いに驚いたのでしょう。

練習と試合が密接に繋がっているから、指導に「リアリティ」がある

いま説明したゴールキックの練習のように、スペインの育成年代の練習は試合と明確に繋がっています。指導者が選手にかける言葉も、「今のシチュエーションだと、こういうプレーをすべきだったよね」といった非常に具体的でリアリティのあるものばかりです。

一方で日本の育成年代の指導者が子供にかける言葉は、試合を想定しない抽象的なものが多いです。たとえば日本の育成現場では、「ボールを受ける前に首を振れ」というアドバイスをよく耳にします。確かにボールを受ける前に周囲の状況をよく見ることは大切です。そのためには首を振ることは必要ですが、スペインの指導者はあまりそうしたことは言いません。一体なぜでしょうか？

まず、スペインの選手たちにとって、ボールを受ける前に周囲の状況を認知することは当たり

前のことです。その認知力を高めるようなトレーニングも日常的に行われています。そのため、あえて「ボールを受ける前に首を振れ」という基本的なことを教える必要がないのでしょう。

そして指導者も、「今ボールを奪われた場面では、こっちから来た相手が見えてなかっただろ？でも、こういう向きで身体を半身にしてボールを受けたら、首を少し動かすだけで相手がよく見えたんじゃないか？」といったリアリティがある具体的な助言を投げかけます。プレーしている子供たちも、「ボールを受ける前に首を振れ」と言われ続けるよりも、スペインの指導者のような言葉を聞いたほうが、サッカーが上達するでしょう。そうやってスペインの子供たちは、少しずつサッカーの上手い選手になっていきます。

子供を成長させるのに有効なのは、**実際に行ったプレーについて「そのプレー選択は正しかったのか」「どうすれば、より効果的なプレーになったのか」といった具体的なフィードバック**です。スペインの指導者は総体的にそれが上手です。助言が必要と感じたらタイミングを逃さずに声をかけますし、大事なことは練習をストップしてでも伝えることも多いです。だから、選手にも伝わります。

日本では、相手がいない状況の練習で「ボールを受ける前に首を振れ」「ボールを奪われないような受け方をしろ」「イメージしろ、意識しろ」と言われることもあり、「これは禅問答なのか」と感じることもあります。状況設定や指導者の言葉にリアリティを感じられないので、子供たちは認知力や判断力を高められないのです。

先のゴールキックからの組み立ての例のように、スペインの練習は状況設定にもリアリティがあります。「前の試合で上手くできなかったこと」を練習で行うことも多いので、子供たちは自然と考えながらプレーするようになり、指導者が細かく声をかけないでも自分から色んなことを学んでいきます。

「単純な反復練習」ではなく、頭を使うゲームに

日本人が「子供のサッカーの練習」と聞いて思い浮かべるのは、2人組でパスをしたり、順番にシュートを打ったりする、基礎技術の反復練習でしょう。スペインでは、いま書いたように「試合につながるリアリティのある練習」を行うため、単純なプレーを繰り返す練習はあまり行われません。

もちろん「サッカーが上手い選手」になるには、ボールを扱う技術も大切です。僕は小学2年生の息子のコーチをよくしていますが、この年代だと「ボールをしっかり蹴ること」「トラップすること」も上手にできないので、やはり基礎技術の向上が必要となってきます。

そこで、**スペインの指導者は、基礎技術を磨く際も、練習メニューに工夫を施します**。スペイ

ンと日本の両国で育成年代の指導経験があり、レアル・ソシエダのアカデミーコーチも務めていたサッカー指導者のゴルカ・オタエギさんは、日本のサッカースクールで3～5歳の子供に基礎技術を教えるときも、「子供たちが頭を使って楽しめるゲーム」を取り入れるよう工夫しています。たとえばドリブルを教えるときは、「このマスから向こうのマスに誰が一番早くボールを運べるかな？」と競争させるといった形です。すると、子供たちも喜んで練習を続けるし、誰が一番になるか競い合うそうです。

「認知・分析・決定・実行のどのミスか」を伝え、改善を促す

子供たちの学年が上がってくると、スペインの練習の内容や指導者の助言は、やはり「普通のサッカー」に近いものになってきます。試合形式の練習で選手がミスをしたときも、スペインの指導者はそのミスが「技術のミス」だったのか「分析のミス」だったのかを分類したうえで、助言を行います。

ミスの改善は、指導者の適切な助言があってこそ、正しく行うことができるからです。逆に言えば、**適切な指導が行われなければ、同じようなミスは繰り返されることになります**。

スペインの育成年代の練習では、選手がミスをしたときも「ただ叱責すること」はありません。

たとえばゴールキックからの組み立てでボールを奪われたときも、「今の場面でその向きでトラップしたら、パスコースもなくなるし、ボールを取られたら大きなピンチになるだろ?」と極めて具体的な言葉をかけます。そうした指示を受けながら、選手たちは「上手いプレーの経験則」を身につけていくのです。

育成年代の練習時間は日本よりも断然短い

スペインと日本の育成年代では「練習時間の長さ」も大きく違います。スペインの練習時間は、日本と比べて圧倒的に短いです。世界各地の育成機関を巡ってきたサッカーコンサルタントで、現在は日本でFC市川GUNNERSという育成クラブを運営する幸野健一さんは、**「スペインの子供たちのサッカーの練習は週に300分程度に収まっている」**と話していましたが、その数字は私の体感にも近いです。スペインでは1回の練習が90分程度なので、それが週に3日程度だと300分に収まります。それに加えて週末にリーグ戦が1回あるので、一週間の活動日数は4日程度になるのが普通です。

プロクラブの下部組織でもそれは同じです。**レアル・マドリーやバルセロナのような世界的な名門クラブの下部組織でも、週に2日程度は必ず休みがあります。**そして土日のどちらかは必ず休みます。世界のサッカーの育成年代では、そのくらい休むのが当たり前です。それと比較すると、日本の子供たちには倍以上の時間を練習に費やしている子も多いでしょう。

なおスペインの育成年代では、後述するようにチームの登録人数も限られています。練習に参加する子供の数も限られてきますし、1人の指導者が見る子供の数も少ないです。そのため一部の子供が見学になり、ぼーっと待たされるような時間はほとんどありません。結果として練習中は高いインテンシティで動き続けるものになり、短時間で密度の高い練習を行うことができるのです。

スペインに「朝練」や「自主練」がない理由

サッカー部を含む日本の部活には「朝練」があるチームがいまだ多いと耳にします。また午後の練習後にグラウンドに居残りをしたり、休みの日に公園に行ったりして「自主練」をしている子供も多く存在します。**一方のスペインには、「朝練」という習慣はありません。そして自主練をする子供もいません**。そこには様々な事情があります。

まず、「自主練や朝練をする場所がない」というのが理由の一つです。

スペインの子供たちは街クラブ（地域のクラブチーム）に所属し、地域のグラウンドでサッカーをしています。そのグラウンドは複数のクラブチームの、さまざまな年齢カテゴリーのチームが使用しており、下の学年だとグラウンド8分の1程度しか使えないこともあります。週末は年間を通じてリーグ戦が行われるため、試合の予定でカレンダーがビッシリ埋まっています。そのためチームで練習しているグラウンドで自主練をすることは不可能です。

また学校によっては体育の時間がなく、日本のような部活動もありません。サッカーができるグラウンドや体育館もありません。日本のように自由にサッカーができる、だだっ広い公園も少ないです。**サッカーを含めたスポーツは、基本的に「クラブチームが管理する街のグラウンドや体育施設で行うもの」**なのです。

そのため、スペインのスポーツは「限られた練習時間と、限られた練習場所の中で上達を目指すこと」が当たり前になっています。「上手くなるために朝練や自主練をする」という発想が生まれない環境といえます。

そういった時間や場所の成約があるからこそ、**スペインの指導者たちは「いかに短い練習時間のなかで効率的に選手を上達させ、チームを成長させるか」を考えています。**

なお、自由にサッカーができる場所がないことは、スペインでも問題視されており、近年では都市部中心にサッカースクールも増えていると聞きます。一方で、プロとして活躍する選手の出身地を見ても、自由にサッカーができる環境がまだ残っている郊外や田舎の選手が目立っています。

真夏の炎天下では練習をせず、夏場はサッカーを休む

近年の日本のスポーツ界では、「夏の炎天下で子供たちに練習や試合をさせること」への批判が集まるようになりました。一方のスペインは、**そもそも6〜8月の3カ月程度はサッカー自体を休みます。**欧州サッカーのトップリーグと同様に、子供たちもリーグ戦のないオフの時期になるのです。「外でプレーするスポーツはこの時期には無理」という認識が昔からあるのでしょう。

スペインは学校自体のカレンダーも秋春制で、5、6月に学校の授業は終わって、7、8月がバケーションです。その期間は、普段練習しているグラウンドも閉まります。丸々2〜3カ月はシーズンオフとなり、サッカーから離れることになります。

なお育成年代でも強豪のプロクラブだと、8月の途中になるとサマーキャンプや国際大会が行われることもあります。そのため一部のクラブは練習や試合をしますが、その場合も活動は夜になります。スペインのサッカーグラウンドには、必ずナイター設備が用意されているからです。

練習や試合の時間帯は日本と比べるとかなり遅めです。私がスペインに住んでいた頃、ビジャレアル主催の国際ユース大会をはじめて見て驚いたのは、いちばん遅い試合のキックオフ時間が夜11時頃だったことです。試合が終わるのは日付が変わる時間帯でした。

この試合時間の遅さには、文化の違いも関係しています。スペインの人たちは夏場は夜遅くまで外で活動するのが普通です。夜12時を回っているのに、子供や赤ちゃんと一緒に町中を散歩している親も沢山見かけます。

このように一部のクラブは夏場もサッカーをしますが、大半の子供たちは夏場はずっと休みます。そして2カ月も3カ月もサッカーから離れると、子供たちは「またサッカーをやりたいな」と思うようになります。現地で指導者をしていた私自身も、サッカーから離れることで同じような欲求が湧いてきたことを実感できました。

スペイン語には「Pila Cargada」という「満タンに充電された電池」という言葉をプロ選手に対してよく使います。夏場にサッカーから離れた選手や指導者は、まさに「Pila Cargada」な状態になります。**体も心も休まって、体を動かすことへのモチベーションが高まって、「もうサッカーがやりたくてウズウズした状態」になる**ということです。そうした状態からプレシーズンをはじめて、リーグ戦に向けて戦う姿勢を作っていくサイクルは、育成年代でも重要でしょう。

1-3 リーグ

――リーグ戦主体の階層化された育成システムが、選手の能力を効果的に伸ばす!

「2年刻み」の育成のピラミッド

日本とスペインでは、国のサッカー協会が整備する育成システムのあり方も大きく異なります。日本では育成年代のカテゴリー分けは小学校、中学校、高校という学校教育に従う形となり、6年・3年・3年でカテゴリーが分かれています(大学も加えると6・3・3・4になります)。

一方のスペインは、**年代カテゴリーの分け方が日本より細かく、基本的に「2年刻み」になっています。**詳しくはP40の図の通りです。

まず8歳以下(小学2年生以下)は「プレベンハミン」というカテゴリーです。そこから上は「ベンハミン(日本の小3~小4)」「アレビン(日本の小5~小6)」「インファンティル(日本の中1~中2)」「カデーテ(日本の中3~高1)」と2年刻みでカテゴリーが分かれています。

下部組織で一番上のカテゴリーとなる「フベニール」は日本の高2~大学1年生の世代にあたります。その上の「フィリアル」は年齢制限がなく、トップチームのBチーム(サテライト)的

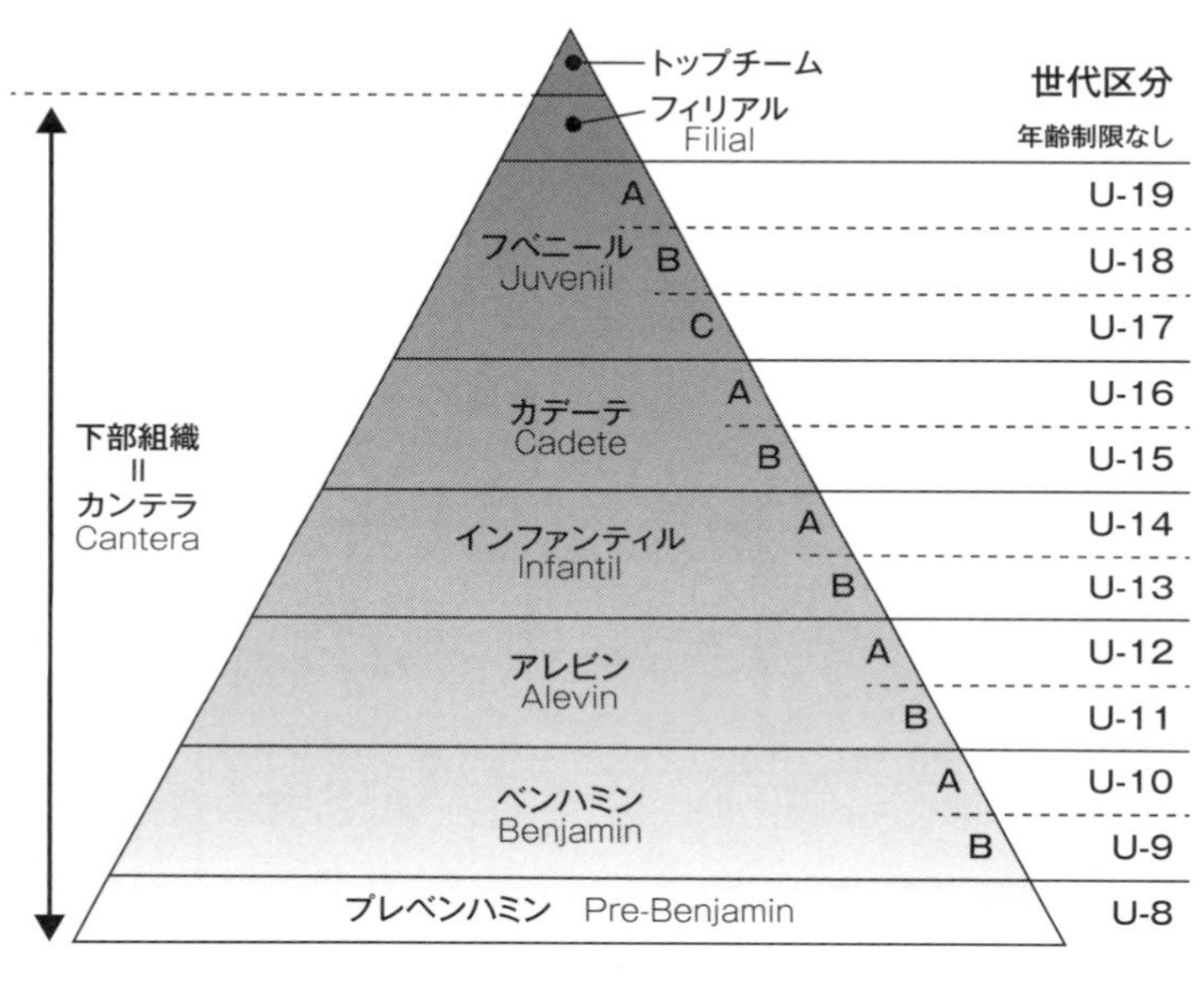

扱いです。日本にはこのカテゴリーがないことが、Jリーグの若手の育成を困難にしていると感じますし、その穴を大学サッカーが埋めているとも考えられます（こちらは第3部で詳しく解説します）。

スペインでは日本の小学5、6年生にあたるアレビンの年代までは7人制での試合となり、その上のインファンティルから11人制に変わります。州によっては7人制ではなく8人制の場合もあり、アレビンから11人制サッカーに移行する州もあります。この点は、中学校から11人制に変わる日本とほぼ同じです。

年代のカテゴリーが上がるほどに、戦術的にもフィジカル的にもレベルは上がりますし、練習もよりプロに近いものになります。

手取り足取りサッカーの原理原則を教えこむのはインファンティル（13〜14歳）あたりまで。カデーテ（15〜16歳）やフベニール（17〜19歳）になると、戦う集団を作るためのプロ予備軍の練習になります。当たり前にジムでの筋力トレーニングが入ってきますし、チーム専属でフィジカルコーチも付き始めます。練習も試合も、レベルの高い選手のみを引き上げる競争の色合いがより濃くなるのです。

最近はバルセロナのラミン・ヤマルのように、15歳でデビューして大人顔負けのプレーをする選手も出てきているため、スペインのどのクラブもフベニール（17〜19歳）を「育成年代」とは捉えず、トップチームの強化部が管轄するような組織になっています。

P40のピラミッド構造の形が示すように、プロに近づくにつれて選手の受け皿となるチームの数も減少します。実際にスペインの街の育成クラブには、フベニール（17〜19歳）のカテゴリーを持たないクラブも存在します。

つまり選手を「育成」するカテゴリーとしてはカデーテあたりが最上位で、フベニールはセミプロのような存在なのです。フベニールの年代は日本でいうと高校〜大学生の世代なので、学業やサッカー以外のことに力を入れて離脱する子供も増えてくる段階でもあります。

年代カテゴリーの区切りは2年刻みと日本以上に細かいですが、選手たちは一貫して一つの育成システムのなかで成長できます。この点は、小学校、中学校、高校と学校が変わる中でチームの環境もガラリと変わる日本との大きな違いといえるでしょう。

小学生でも年間を通じたリーグ戦がある

どの年代カテゴリーでもホーム&アウェイ方式のリーグ戦があることは、日本との一番大きな違いです。なおスペインの育成年代のリーグ戦は、全国レベルのものではなく、17の自治州ごとに開催されています。

各州のリーグ戦には、日本のＪ1、Ｊ2、Ｊ3リーグのように1部、2部、3部といった階層があります。昇格や降格はもちろん、選手の移籍もあります。このあたりの仕組みはプロと一緒です。

そして2年刻みの各カテゴリー内では、上の学年の子供たちをベースにしたAチーム、下の学年の子供たちをベースにしたBチーム…というように、複数のチームを持つクラブが多いです。たとえば「ベンハミン（9～10歳、日本の小3～小4）」の場合は、10歳の子供たちがAチーム、9歳の子供たちがBチームといった形です。子供たちの人数が多いクラブだと3チーム、4チームがある場合もあります。

そうやってチームを分割した後も、選手の活躍次第でB→Aの飛び級移動は起こり得ます。また上の年代カテゴリーに進むぶんには、年齢の制限はありません。たとえば実力がある子供の場合は、9歳でベンハミンのBチームの所属だったとしても、10歳のAチームに移動することもあるし、さらに上のアレビンB（11歳がベースのチーム）に飛び級することもあるということです。17歳でトップチームにデビューしたメッシや、15歳でデビューしたラミン・ヤマルのような選手は、自分と同じ年代のカテゴリーでプレーした経験はほとんどないはずです。

また選手たちの出場機会を確保する仕組みもあります。私はスペインのクラブでインファンティル（日本の中1～中2）のカテゴリーの指導をしていましたが、1チームの登録人数に上限があり、「一定人数をAチームBチームの2チームに分割する」というルールがありました（現在のバレンシア州8人制では「22人」が上限です）。そのため、**日本の強豪サッカー部のように、部員が100人以上いて大半が補欠といった状況は起こり得ない**のです。

それでも人数が上限ギリギリの場合は、スタメンで試合に出られない子が多くなります。その場合でも出場時間を確保するため、私が指導していたクラブには当時、「試合の40％以上の出場時間を全選手に与えなければいけない」という内部ルールがありました。こうした仕組みによって、万年補欠の選手が生まれるのを回避しているのです。

こうした内部ルールがないクラブでも、スペインの子供や保護者は「サッカークラブでプレーするなら試合に出るのが当たり前」と思っているので、長らく補欠という立場は受け入れません。

満足にプレーできなければクラブに抗議をしたり、移籍の道を選んだりする子がほとんどでしょう。

さらに**スペインの育成システムには人材の流動性＝移籍の自由さがあることも大きなポイント**といえます。流動性の有無によって、子供たちがサッカーをするうえでのメンタリティも変わってくるからです。

たとえばスペインでも、監督とそりが合わない選手はいますし、才能をうまく発揮できない選手はいます。ただ、そうなったときに自由に移籍をできるのが日本との違いです。また、チームのレベルが自分には高すぎる場合も、下のカテゴリーに移ってプレーが続けられます。もちろん実力に不相応なクラブに移籍はできませんが、選手の側がチームや監督を選べる立場にあるのは大きなメリットです。

その逆に実力が高すぎて試合や練習が退屈になりそうな選手には、地域の強豪チームから移籍オファーが届いたり、飛び級で自分のチームの上の年代カテゴリーの試合に出るようになったりします。

このような「2年刻みの年代カテゴリー」「昇格・降格もあるリーグ戦」「人数が多くなると2チームに分割するチーム編成」「移籍の自由」「飛び級の自由」という仕組みによって、**スペインの子供たちは自分のレベルに合ったチーム・リーグで常にプレーが可能です。**こうしたシステムが、選手の成長をより加速させていると感じています。

リーグ戦で戦術やシステムを学べる

サッカーは対戦相手のいるスポーツです。そのため「相手のシステムや戦術に合わせて、自分たちのシステムや戦術を変えること」は勝つために必要な戦略の一つです。

年間を通じてリーグ戦が行われるスペインでは、同じチームと対戦する機会が多いため、「前の対戦では相手はこういうシステム、戦術だったから、今回ウチはこの戦術を採用しよう」といったシステムや戦術の変更が頻繁に行われます。対戦相手のシステムを見て、試合中にシステム変更が行われることも普通です。つまり、**リーグ戦の環境があることによって、子供たちは自然と戦術理解度を高められる**のです。

またスペインでは小学校低学年くらいの子供のポジションを固定して、勝利だけを目指すようなチームはありません。所属選手の数に上限があるうえ、所属する選手には一定のプレー時間を与えなければいけないので、「常に同じポジションで試合に出続けるエース」のような子供は生まれにくいのです。

このようにスペインの育成年代のサッカーは個人に依存できない仕組みなので、自然と「誰が出ても勝てるチーム」を目指すことになります。だからこそ戦術的な指導が行われており、「エースを封じられたら負けるチーム」にはなりません。

小学生のサッカーで大事なのは、現時点での上手い・下手に関係なく、まずは試合で十分な時間プレーすることです。**そもそも「サッカーをすること」は「練習をすること」ではなく「試合をすること」**です。

スペインでは「試合にちゃんと出てこそサッカーをする意味がある」という非常に当たり前の認識があります。

このように、幼稚園や小学校低学年の時点から階層化したリーグ戦を整備し、試合に出られる環境を確保しておくと、その時点で実力が足りない子もサッカーから離れることがありません。この点は日本も見習うべきでしょう。

育成年代でも「対戦相手のスカウティング」を行う

ホーム＆アウェイのリーグ戦があるスペインの育成年代では、**「対戦相手のスカウティング」もごく普通に行われています。**遠く離れた会場にスタッフを派遣したりはしませんが、同じリーグのチームが自分たちの試合の後に試合をしていたら、選手や指導者たちは自然と試合を見ています。分析用に映像を撮ることもごく普通に行われています。

これも、リーグ戦のカレンダーが決まっていて、安定して試合ができるグラウンドがあるメリットの一つでしょう。

また、試合で得た課題を練習に落とし込むスペインでは、試合の映像を見ながら選手に指導をすることも、プロクラブの下部組織では多く行われています。

映像を撮らない場合でも、スペインの育成年代では、試合を行ったら必ず選手へのフィードバックがあります。この点は「試合をやってもやりっぱなし」のことが多い、日本の育成年代との大きな違いといえます。

試合をする↓試合の反省点を練習する↓それをまた次の試合で試す…といった形で、戦術理解度を高め、チームの完成度を高めていけるのは、決まった日程でリーグ戦がある環境のメリットです。

2023~2024シーズン、昇格2年目ながらLALIGAで上位に食い込んでいるジローナのミチェル監督は「次の週末の試合で選手がプレーしたときに、『これはトレーニングでやったことだ』と思わせるのが一番いい監督だ」とインタビューで話していました。同じ考えを持っている指導者はスペインの育成年代にも多いでしょう。

サッカーは全く同じ状況は2度起こらないスポーツですが、似たような状況は数多く起こりま

す。小さな頃から戦術的な練習を重ね、さまざまなスタイルの相手とリーグ戦を重ねて戦術メモリーを増やしておくと、「こんな状況は初めてだ」といった場面はなくなります。そのため育成年代から様々なシステムや戦術を体験し、個人としてもいろいろなポジションを経験し、多種多様な相手と対戦するのは大事なことです。

小柄なテクニシャンが伸びる、自在な飛び級が可能なシステム

シャビ（170㎝）、イニエスタ（171㎝）、ダビド・シルバ（170㎝）、ペドリ（174㎝）など、スペインを代表するＭＦには比較的小柄な選手が多いです。こうした選手たちは日本人と体格もほとんど違いませんが、フィジカルに優れた選手が集まる欧州のトップリーグで何年も活躍してきました。

このことを不思議に思う人もいるかも知れませんが、**こうした小柄な選手が鍛えられる環境もスペインの育成システムにあります。**これは、私も現地に行って育成年代の取材を重ね、練習や試合を見て初めて分かった部分でした。

先に書いたように、スペインでは能力の高い選手は上の年代カテゴリーにどんどん飛び級していきます。日本でもＪクラブの下部組織では同じことは可能ですが、街のサッカークラブや学校

の部活は小学校・中学校・高校という学校の年代カテゴリーに縛られています。小学生が中学生カテゴリーの公式戦に出場したりすることはできません。

一方でスペインでは、上の年代カテゴリーの公式戦にも出場が可能です。そして10歳の選手が13～14歳の年代カテゴリーの試合に出るとなると、圧倒的に体格に優れた相手との真剣勝負になります。大柄なディフェンダーからガツガツ削られることもあるでしょうし、同世代相手には武器になったスピードが全く通用しないこともあるでしょう。

つまり、**身体の成長の早さや能力の早熟さだけを武器に、チームの王様のように振る舞うことは不可能になるのです。**そうしたなかで「一体どうしたら効果的なプレーができるのか」と頭を使うことでスペインの選手たちはサッカーの本質を、「効果的なプレー」を身につけていきます。比較的小柄な選手たちが大成できた背景には、こうした〝王様〟を作らないピラミッドの構造があるのです。

私がスペイン在住時に通っていたバレンシアの下部組織には、もともとダビド・シルバが在籍していました。彼はカナリア諸島の出身で、14歳でバレンシアのカンテラに引き抜かれましたが、「身体が小さいし、フィジカル的にプロになれないのではないか」といった否定的な評価もされていた選手でした。実際、彼はバレンシア入団前にはレアル・マドリーの入団テストで不合格の烙印(らくいん)を押されています。しかし彼は世界的プレイヤーになりました。

彼が順調に能力を高められたのは、バレンシアのトップチームに定着する前の10代の時期に、エイバル（当時2部）やセルタにレンタルされ、そこで大柄な選手にバチバチに削られながらプレーした経験が大きかったのです。

これはイニエスタなども同様ですが、**小柄でも最終的に残る選手は、体格で勝る相手と対峙しても、ファウルをさせないくらいボールの扱いが上手く、削られる前に次のプレーを素早く選択できる選手です。** 早い時期から上の年代カテゴリーのなかで実戦を重ね、非常に激しいサッカーのなかで技術力や判断力を磨いたからこそ、彼らは超一流のプレイヤーになれたのです。

久保建英もスペインで育成年代を過ごしたからこそ才能が花開いた

スペインで育成年代を過ごした選手として、日本人がまっさきに思い浮かべるのは久保建英でしょう。久保建英は天才的なサッカー少年として子供の頃から有名で、9歳でFCバルセロナの下部組織の入団テストに合格。バルセロナの10～11歳で構成されるチームに入団しています。

久保建英は今や世界的なプレイヤーになっていますが、彼がここまで成長できたのは、スペインの育成を経験したことが大きいでしょう。もちろん日本で育ってもJリーガーになり、代表選手になっていたはずです。ただ、**今のように世界レベルの選手にまでなれたのは、育成年代で重要な10歳～15歳頃の時期に、バルセロナで指導を受けたことが大きかったと感じます。**

その時期のバルセロナはチームメイトにアンス・ファティやエリック・ガルシアなどがおり、欧州トップレベルで活躍するタレントが複数名いた黄金世代です。ジョゼップ・グアルディオラの黄金期から続く流れのなかで、優秀な指導者が数多く残っていた時期でした。久保を織りなす前提はバルサ下部組織「ラ・マシア」で教えられていたと考えています。

小学生時代の久保建英のプレーを観た指導者から話を聞いたこともありますが、日本での彼は8歳や9歳の時点で無双状態だったそうです。ボールを持ったら相手が誰でも止められず、1人で試合を決めてしまう選手でした。

しかし、そんな子供が日本でプレーを続けていたらどうなるか。おそらく、小学校／中学校／高校という区分けに囚われ、1人だけレベルの違うプレーを続けるだけで、戦術的な指導も十分に受けられなかった可能性が高いです。

久保がスペインでプレーしたバルセロナは、育成年代でも圧倒的な強さを誇っています。私は久保がスペインに渡って1年目、2年目の時期に現地で彼の試合を見ましたが、やはり2桁得点で勝つような試合も当たり前にありました。

ただバルセロナは、**それだけ実力差があり、選手個人の質に依存したサッカーをして圧勝できる状況でも、「チームとしてどう勝つか」を大事にしていました。**グループでボールを運んで点を取ること、グループでボールを奪うことがきちんと行われていました。

バルセロナの下部組織には、戦術的な指導を施し、「チームとして何ができたか・できなかったか」「選手個人のプレーとしてどこが良くて・どこが悪かったか」をきちんと見極めて、チームや選手を導ける指導者がいました。そして久保も様々なポジションに配置され、異なるタスクを求められながらプレーしていました。

当時のバルセロナでは久保以上に圧倒的な才能を見せつけていたアンス・ファティもいましたが、そうした突出した選手に頼り切らず、間違いなくチームとしてオーガナイズされたサッカーをしていたのです。その点は流石だなと思って見ていました。

スピード頼りのドリブル突破やフィジカル任せのプレーは、必ず頭打ちになります。そして相手のレベルが上がれば、個人でのドリブル突破は簡単には許されず、パスコースも潰されるのが当たり前にです。そんな状況でも効果的なプレーをするためには、やはりサッカーの本質を学ぶ必要があります。そのための最高の環境が当時のバルセロナの育成にはありました。

またピッチ上で王様になった選手は、日本だとピッチ外でも王様になりがちで、自分勝手な振る舞いをする子も出てきます。しかし日本にU-12ジュニアサッカーワールドチャレンジで来たバルセロナを見ると、ピッチ外での子供たちの振る舞いも日本以上に厳しく指導者から見られているようでした。**バルセロナは才能のある選手が人間的に成長するためにも、非常に良い環境だった**と言えるでしょう。

1-4 才能の発掘と育成
――スペインは「選手の発掘」が不要

スペインに「選手を発掘する」という発想がない理由

スペインでは優れた能力を持つ選手を発掘し、より大きく伸ばすための仕組みも整備されています。まずは比較対象として、日本の状態を確認してみましょう。

日本の育成年代には、選手発掘の仕組みとしてセレクションの文化があります。セレクションとは、そのチームに入団するための入団テストのこと。Ｊリーグのクラブの下部組織や、強豪の街クラブが、１日や２日のトレーニング参加者を募集し、そこで能力が認められた選手の加入を認める仕組みです。

日本人からすると、こうしたセレクションは非常に良い仕組みに感じられるでしょう。しかし、スペインにはセレクションの文化はありません。セレクションを行わずとも、毎週末に行われるリーグ戦を見ていれば、優れた能力を持っている選手は、誰の目から見ても明らかになってくるからです。ようするに、**一発勝負（１日）のセレクションではなくリーグ戦（年間）を通じたス**

カウトです。

スペインでは階層化されたリーグ戦を重ねる中で、能力がある選手はより強くて環境の整ったチームに移籍したり、上の年代カテゴリーに引き上げられたりすることが普通です。能力のある選手は自然とリーグで注目を浴びる存在になるので、誰か1人の指導者やチームが「いい選手だ」と思った選手は、他の人達からも目をつけられている可能性が高いでしょう。**一人のスカウトの目に頼らずとも「いい選手」が自然と目立つ環境がある**のです。

ジョゼップ・グアルディオラが「一番強いチームは年間を通したリーグ戦に勝つチームだ。チャンピオンズリーグに優勝するよりも、プレミアリーグで優勝するほうが価値がある」といったニュアンスの言葉を残していましたが、同じことは選手個人にも言えます。日本の高校サッカー選手権のような一発勝負のトーナメントで目立った選手よりも、年間のリーグ戦で目立った選手のほうが、安定した実力を持っている可能性が高いのです。

したがって年間を通じたリーグ戦のあるスペインの育成年代では、「まだ誰も目をつけていない選手を発掘しよう」なんて行為は不要です。そもそも、そうした発想が生まれてきません。スペインの人たちは、「自分1人の目で確認できることには限界がある」と分かっているからです。年代別のスペイン代表監督にインタビューした際にも「選手のスカウティングは難しいことではない。スペインの各地域にある1部リーグの上位クラブの選手を見てればいい。なぜなら、そこに代表レベルの選手が集まっているから」と話していました。

階層化した構造が、クラブ間の移籍金も不要にする

スペインでは小学生や中学生の年代でも移籍があるのは前に触れたとおりですが、そこで移籍金が発生することは基本的にありません。

各地域にはラ・リーガに所属するような大きなクラブを頂点にした階層構造があり、実力のある選手はそこに吸い上げられていく仕組みがあるからです。

たとえばバスク州ビスカヤ県のクラブであるアトレティック・クルブは、ビスカヤ県内に200以上もの提携クラブを持っています。その200クラブはアトレティックによりABCのランク付けがされていて、Aランクのクラブは6つのみです。

その提携クラブで目立った実力を示した選手は、インファンテル（13〜14歳）やアレビン（11〜12歳）の頃から、ランクが上のクラブに移籍するようになります。そしてAランクのクラブに集まった選手の中から、さらに実力が認められた選手がアトレティック・クルブ本家に移籍する形になります。

移籍する際は金銭で保証するわけではなく、移籍元のクラブに対してボールなど練習で利用す

る物品提供を行ったり、指導者を派遣して練習メソッドの共有をしたりします。また提携クラブとしてのランクが上がることもあります。

お金のやりとりが不要なくらいに、深い提携関係ができあがっているのです。同じような仕組みは各地域のプロクラブにあり、レアル・ソシエダ（ラ・レアル）の下部組織で指導経験がある先述のゴルカ・オタエギさんは、「ラ・レアルは、誇張ではなく（クラブが拠点とする）ギプスコア県でプレーするサッカー少年全員を知っている」と話していました。それだけスカウト網も完成されたものがあるのでしょう。

そのため地域の提携クラブにとって、地域の頂点に立つアトレティック・クルブやラ・レアルは「倒すべき敵」ではありません。どちらかというと、日本における日本代表のようなイメージです。バルセロナのあるカタルーニャ州などは、子供たちもバルセロナでプレーすることを夢見ているので、分かりやすく日本代表的な存在といえるでしょう。

そこに選手が吸い上げられることは、選手が所属していたクラブにとっても誇らしいことですし、「育てた選手を強奪された」みたいなことは言いません。優秀な選手は、地域で一番のクラブでプレーするのが当たり前だからです。

この例からも分かるように、**スペインには「地域で選手を育てる」という発想があります。**もちろん、同じ地域内のプロクラブの間では争いがあります。私が暮らしていたバレンシア州などは、バレンシアにビジャレアル、レバンテと複数のプロクラブがあるので、各クラブ間での選手の取り合いがありました。ただ、そうしたクラブを頂点にしたピラミッド構造があるのは一緒です。

なお日本には、才能のある選手を市町村や都道府県、国全体で集めてトレーニングの機会を提供するトレセン制度（ナショナルトレーニングセンター制度）がありますが、スペインには州の選抜チームはあっても、トレセンのような制度はありません。

その理由は先の説明の通りで、たとえばアトレティック・クルブのようなクラブに加入することはその州の代表チームに選ばれることに近いからです。地域の頂点に立つチームは、自分たちの主催で選手を集めてトレーニング機会を提供することがありますが、それが実質的には日本のトレセン制度と同じ役割を果たしていると言えるでしょう。

子供の選手もプロのように扱う慣習

スペインを含めたヨーロッパ全体で、才能のある選手の青田買いは激化しており、プロの卵に代理人が付く年齢は低年齢化してきています。スペインでもプロクラブの下部組織でプレーする11歳や12歳くらいの選手の8割程度には、すでに懇意な代理人がいると思います。

スペインの場合は、**育成年代から代理人がコンタクトを取っておかないと、将来の契約や移籍の際に代理人として使ってもらえないのです。**

ちなみに小学生や中学生の年代の選手は、プロではないので代理人契約は結べません。そのため早い段階から代理人が選手につくのはグレーな部分がありますが、「プロになるときは自分と契約してね」という覚書を先行投資の意味合いで結び、育成期間は代理人がスパイクなどの物品提供をするなどして選手に近づいています。

スペインには代理人の話以外にも、子供たちをプロ選手と同じように扱う様々な仕組みがあります。**たとえ育成年代でも、各クラブが週末に行うリーグ戦は公式戦の扱いです。**召集するメンバーを確定して、試合会場に予定の時間に来てもらうことを確実にするために、招集メンバーにサインを求める仕組みもあります。

スペインでは年間のリーグ戦のスケジュールは決まっていますし、日本のように試合のたびに指導者が親に「お子さんは週末の試合に来れますか？」と聞くこともありません。そのためプロのようにサインを求める仕組みにしているのでしょう。

ロッカールームで監督と選手の関係だけで「今週はこのメンバーで行くぞ」と伝え、覚書的なサインをするのは、選手としての自覚を促す意味では非常にいいシステムだと感じます。

メディカルチェックを行い、怪我があると地域協会が病院を斡旋、選手の自己負担なし

スペインでサッカークラブに所属し、公式戦に出場する子供は選手証を持っています。また選手登録をする際には必ずスポーツ傷害保険に加入します。この点までは日本も同じです。

そしてスペインの育成年代の子供たちは、**シーズンの初めにメディカルチェックも実施します。**もちろんプロのような本格的なものではないですが、こうした検査は怪我の早期発見や予防に役立てられています。また持病や現在抱えている怪我などを確認しておくことで、練習や試合中に子供たちに何かがあった際の対策や、トラブル回避に役立てている面もあるのでしょう。

さらに私が住んでいたバレンシア州ではサッカー活動中に怪我があると「君はこの病院に行きなさい」と近隣のスポーツの怪我に強い専門医も州サッカー協会に紹介してもらえたので、非常に合理的な仕組みだと感じました。もちろん、選手の自己負担はありませんし、医師からの復帰許可が下りない限りクラブは選手をプレーさせられません。私がスペインでコーチをしていた15年ほど前でも、こうしたシステムがあったので、かなり進んでいたと思います。

ピラミッド構造は、「プロになれない選手」を早くにあぶり出す残酷さも併せ持つ

能力のある選手を効率的に吸い上げていくスペインの育成のシステムは、**裏を返せば「プロになれる可能性が薄い選手」をあぶり出す仕組み**でもあります。つまり、スペインの育成組織の効率性は、残酷さも併せ持っているということです。

小学生や中学生の年代で、プロクラブの下部組織のAチームにいる選手は、プロへの道も考えるかもしれません。しかし、それが2部、3部、4部の街クラブの選手になると、「自分はプロは難しいな」と誰もが悟れます。**15歳ぐらいまでには「自分がプロを目指せる能力があるか否か」をほぼ全ての子供がジャッジできることになります。**

15歳になってもプロクラブの下部組織に入れない子で、そこからプロになって大活躍した選手はまずいません。それくらい、能力のある選手を地域の有力クラブに引き上げる育成網が整備されているわけです。

そのため日本の子供たちと比べて、サッカーで挫折する年齢は早いといえるでしょう。ただ、「プロになれない」と悟った子供がその時点でサッカーを辞めるわけではありません。スペインの子供たちには、自分に合ったレベルのチームに所属してプレーを続けられる環境がありますし、そ

こでのプレーを楽しみ続ける子供も非常に多いのです。

当然のことですが、スペインにも「遅咲き」の選手はいます。育成年代で一度はプロクラブから脱落した後、這い上がってきた選手もいますし、10代後半のころはプロクラブの下部組織では埋もれた存在だったのに、あれよあれよとスター選手になっていくプレイヤーもいます。

これは日本でもスペインでも同じですが、**「プロとして大成功する選手」や「これから大化けする選手」を育成年代の時点で見極めるのは非常に困難です。**大きく成長をする時期は選手によって異なりますし、超一流の選手の場合は、その成長の度合いも指導者の予想をはるかに超えていくからです。また10代の途中で爆発的に成長していても、その成長が急に止まってしまうこともあります。

スペインの指導者たちはそうしたことが分かっているからこそ、「現時点での能力」だけで選手を評価せず、長い目で見て選手たちを指導しているのでしょう。

1-5 スポーツ文化と環境

――日本とは異なるスポーツ観とサッカー観

スポーツすることは子供たちの権利

スペインではサッカーに限らず、**「スポーツをすることは子供の権利」**という考えが浸透しています。それは先に書いたように、学校に体育の時間もグラウンドもなく、学校教育でスポーツを提供していないことが一つの理由です。そのため行政が外付けのスポーツ施設をしっかり作り、そこで「権利」としてサッカーなどのスポーツを、高い自己負担なく行える環境を用意しているのです。

サッカーに関しては、ナイター設備とスタンド付きの人工芝のフルコートが用意されているのが普通です。そのコートは街クラブが指定管理者を務め、90分程度の枠で各カテゴリーのチームが代わる代わる使っていますし、場合によっては複数のクラブが共同で使用しています。

練習着やユニフォームの費用はかかりますが、私がいた10数年前で年間60ユーロぐらい。当時の為替レートで7000円くらいでした。日本の地域に根づいた「少年団」と呼ばれる街のクラブでかかる費用も年間で1万円程度ですが、後述するように保護者がコーチを務めたりと、保護者の負担はかなり大きいです。**スペインのほうが保護者の時間的・労力的な負担も含めて少ないといえます。**

ただ子供の送迎に関してはスペインでも必要で、埼玉県に提出されて話題を呼んだ条例のように、12歳以下の子供を1人にすると虐待になってしまいます。アウェイゲームでもクラブ側の人間が送迎することもできないため、親が送迎をする必要があります。その送迎についてもスペインでは良い仕組みが考えられています。

スペインでは10歳くらいにならないと車で30分かかるような遠方でのアウェイゲームは行いません。そのため7、8歳くらいまでのカテゴリーなら近場のチームでリーグ戦が行われる仕組みです。バレンシア州のような広い州では、アウェイ戦の場所が片道1時間半かかるような場所もありますが、3部や4部のチームがそこまで移動時間をかけるのも不合理なため、下のレベルのリーグは近場を中心に試合が組まれています。

そうした事情もあり、日本の少年団に子供を通わせている親のように、「当番での送迎などの時間的な負担が大変」という問題はスペインではまず生じません。そしてスペインの場合は必ず近所に環境の整ったサッカークラブがあるので、普段の練習に関しては学校に通わせるような感覚で子供を安心して任せられます。公園内のきちんとした場所で練習をしているので、危ない場所では全くありませんし、親も気軽に見に来れます。兄弟も同じグラウンドで練習やホームの試合をするので、その場で練習や試合をずっと見続けている親も多いです。

練習場の設備が充実している

グラウンドやナイター設備以外の部分でも、スペインの練習環境は充実しています。まずは、試合を観戦しやすいスタンドもグラウンドには整備されています。

スタンドがあると、練習も試合も座って見ることができるため、保護者は見学しやすくなります。練習や試合を終えた子供たちも、別のカテゴリーの練習や試合を見学できるので、子供たちのサッカーへの理解を深める役割も果たしてくれるでしょう。

ただ、スタンドは空調設備などは当然ないので、夏は暑いし冬は寒いです。**そこで重宝されるのがバルです。**バルもスペインのサッカーのグラウンドに必ず併設されているものの一つです。

バルがあると、試合を見ている保護者や、試合を終えた子供たちが軽食をとりながらくつろぐことができます。サッカーをしている子供たちが、サッカーについての議論を深める場にもなるでしょう。ボカディージョというスペインのサンドイッチが売られていて、週末の試合の後などは親が「ちょっとボカディージョ買ってきて食べな」なんて言っている光景もよく見かけます。

日本で言うおにぎりみたいな存在です。

グラウンドの横にバルがあると自然と人が集まるので、バル側もしっかり運営費を賄えます。

お互いがウィン・ウィンの関係になれる場所となっているのです。

またグラウンドにはロッカールームも併設されています。そのためホームでもアウェイでも、ロッカールームでその日の戦術や相手への対策を話し合い、雰囲気を作ってから試合に望むことができます。

スペインで私が12、13歳の子供たちを教えていたときは、当たり前のように「試合前のロッカールームの選曲は俺」みたいな担当が決まっていました。プロの世界でもロッカールームは「戦うための気分を上げる場所」としても非常に大事ですが、そうした文化が育成年代にもあるのです。

一方の日本は、まず試合をする会場も小学校の校庭を使ったり、地域の公園や河川敷を使ったりと、とにかくいろいろな場所を転々としなければいけません。試合前に円陣を組んだりすることはありますが、選手と指導者が話し合って雰囲気を作るのは難しいでしょう。

日本の公園や河川敷のグラウンドにはロッカールームなどはまず存在しないため、子供たちは親が用意したビニールシートの上で着替えていたりする状況です。スタンドやバルがあるグラウンドで練習ができるサッカークラブはほとんどないでしょう。

そのため日本人からすると「スペインの環境が羨ましい」と思うかもしれないですが、スペインでは「サッカーをする場所ってそういうものでしょ?」という認識だと思います。バルがあり、スタンドがあり、ロッカールームがあり、サッカーをする側も見る側もくつろぐことができる。そして心地よくサッカーを楽しめる。それがスペインの人にとってのサッカーをする環境であり、サッカーを見る環境なのです。

自己主張をしないと存在を認められない

文化の違いという点でいうと、スペインでは小中学生の子供でも指導者にバンバン意見を言ってきます。

私がコーチとして指導していたのは11、12歳の世代でしたが、監督は試合中も選手からいろんな意見をぶつけられていましたし、「全然チームが機能してないから俺のポジションを変えろ!」と要求してきた子供もいました。**年齢に関係なく自己主張をするのがスペインでは普通です。**

スペインではそうやって**「俺はこんなサッカーしたいんだ」と主張して意見をぶつけあうことが重要です。**それができないとチームの一員として認めてもらえません。ただ黙って話を聞いている人は「話を理解していない人」「存在していない人」と扱われてしまいます。黙々と1人で頑張っていても「自分の意志でチームから外れた行動を取っている人」だと思われます。海外挑戦して失敗した選手には、こうしたコミュニケーションの部分で失敗している選手も一定数いるでしょう。

「ミスしたら罰走」なんて指導は拒絶される

最近は減ってきたと思いますが、日本の部活の現場では「誰かがミスをしたら罰としてグラウンド10周」といった連帯責任と罰走の文化が以前からあります。

スペインにそうした文化は全くありません。これは「集団」を優先して物事を考える日本人と、「個人」をベースに考えるスペイン人の違いが大きいと感じます。

日本の集団主義の文化も悪い点ばかりではなく、チームが生み出す一体感や団結力については、間違いなく日本のチームの武器になっています。

一方のスペインは個人主義のため、誰かのミスによる連帯責任の罰走などは受け入れません。そして**個人個人が、自分の思った意見を指導者に対してぶつけてきます。**たとえば「ボールを使う練習の前にグラウンドを5周して」と伝えたら、「何でいきなり走らなきゃいけないんだ！」と言われます。グラウンドのスペースの問題でボールを使った練習ができず、ランニングを指示したときも「自分たちはサッカーをしに来ているんだから、ボールを使って練習させろ！」といった意見が小学校低学年の子供たちからも出てきます。

そのため指導者も手抜きの指導はできません。限られたスペースや練習時間のなかでも、効果的な練習を行うことが求められるのです。

マルチスポーツの推奨と「スポーツ全体の地位の高さ」

スペインのバスク州は、選手の育成に定評のある地域ですが、実はギプスコア県では特定のスポーツの活動が13歳まで禁止されています。12歳までは様々なスポーツを楽しむこと（マルチスポーツ）が奨励されていて、一つのスポーツに特化、集中して取り組むことができません。「子供たちを一つのスポーツや一つのスポーツクラブで囲う時代じゃない」というのは、非常に現代的な良い考え方だと思います。


この仕組みは、サッカー選手の育成においてもプラスの面があることを、先にも登場したサッカー指導者のゴルカ・オタエギさんは次のように話していました。

「まず、8歳の頃よりも13歳の頃のほうが『優れたサッカー選手になるか』を見分けやすいです。また、他の地域のプロクラブでは8歳の頃に下部組織に入る子が多いですが、入団すると子供への家族の期待も高まり、日々の練習や試合でも高いレベルのプレッシャーがかかります。そのプレッシャーを受ける日々は、プロに進めるかどうかが定まる18歳の頃まで10年続きます。一方で、13歳から下部組織に入る子供は、プレッシャーにさらされる期間が5年で済む。この点も私はメリットだと思います」

なお、こうした取組をしている地域はスペインでもごく一部です。スペインでもやはり、「なるべく早くにサッカーをして能力を高めたい」と考える親や子供は増えています。

ただ、スペインのサッカーコートがある場所は、総合スポーツクラブ的な地域のスポーツ施設や公園のため、バスケットやロッククライミング、スイミングの施設なども併設されています。そのため**小さい頃はサッカー以外の他のスポーツも経験している子供は多い**です。

日本との違いで言うと、テレビなどの報道でスポーツを見る機会が非常に多く、スポーツ全体の地位が高い点も特徴といえます。

スペインはサッカー大国という印象が強いでしょうが、バスケット熱も凄いですし、最近だとF-1も人気です。MotoGPなんかもみんな大好きです。テニスもラファエル・ナダルという世界トップクラスの選手がいますし、カルロス・アルカラスという新世代のスターも誕生しています。こうしたスポーツの情報や選手の名前はみんなが知っているため、**当たり前に生きているだけでスポーツ全般への感度が高くなる国**なのです。

しかし日本は、「去年はプロ野球で阪神が日本一になった」と知っている人は多くても、阪神の選手の名前を誰か言えるかといったら、言えない人が多いのではないでしょうか。スポーツの分野で仕事をしている私でも、そのような状態です。

スペインでは、ほかの人気スポーツの看板選手の名前はみんな言えるため、やはりスポーツ全般に興味がある人が多いです。映像でも現地でもスポーツを見る習慣が多くの人にあります。

それは**「スポーツが文化として根付いている」**という言い方ができます。日常会話でもメディアの報道でも扱われるボリュームは日本より大きいですから。そしてスポーツ選手の社会的な地位が高いのも特徴です。

日本で「誰もが知っているスポーツ選手」というと大谷翔平でしょうが、スペインだと各競技に大谷翔平が何人もいるイメージです。それは、大谷翔平のような物凄い成績を残している選手を量産しているのではなく、各競技のトップ選手は名前が知られているということです。

スポーツやスポーツ選手の社会的地位が高いというのは、「勝ち続けなくてもみんなに知ってもらえる」ということです。そのため選手たちはＣＭやイベントなどの露出で収入を得ることができます。日本もスポーツやスポーツ選手の価値をもっと高める必要があるでしょう。

観客の声が、子供にサッカーの本質を教える

Jリーグとラ・リーガだとスタジアムの雰囲気や観客が反応するポイントが違うことは、サッカーが好きならご存知でしょう。それは育成年代のサッカーでも同じです。

欧州リーグでは、シュートを打てるタイミングで打たない選手に、観客から「シュート!!」という声が上がります。「なぜ、その場面で打たないんだ?」という認識がサポーター全体にあって、それが大きな声になっているわけです。育成年代の試合を見ている親からも、やはり同じような声が上がる場面は多いです。

一方のJリーグのサポーターは、大きな声でチャントを歌ってチームを後押しするスタイルが普通です。そのためシュートの場面の認識をサポーター全体で共有して、それがひとかたまりの声になるような場面は少なく感じます。育成年代のサッカーでも、一つ一つのプレーに対して、不満や称賛の声が上がることは少ないです。

その背景にあるのはサポーター文化の違いもありますし、**「日常でサッカーを見る経験の有無」の違い**が大きいでしょう。

スペインの人たちは、サッカーをやっている子供もその父親も、やはりスタジアムにサッカー

を見に行く習慣があります。おじいちゃんまで含めて3世代揃って年間シートを持っていて、週末の夜には地元のプロクラブの試合を見に行くような習慣がまだ普通に残っているのです。

子供たちは、そうした試合の観客の反応から学び、影響を受けます。たとえば先程の「なぜシュートを打たないんだ！」という声援に触れれば、「サッカーでは今みたいな場面ではシュートを打つのが正解なんだな」と子供は学ぶでしょう。そうやって**「サッカーの上手いプレー」が世代を超えて脈々と受け継がれていく**ところは、やはりスペインの強さです。

私もいろいろな国のスタジアムでサッカーを見てきましたが、スペインは「今の場面ではこうだろ！」といった声が一番上がり、戦況を変えるようなプレーに拍手喝采が上がる国です。

バルセロナのホームのカンプ・ノウは特にそうした雰囲気で、ブスケッツが狭い局面でボールを受ける場面では、「ターンしながらボールを受けてサイドチェンジだろ」といった絵を観客も一緒に描いているので、それが実際に起きたら拍手が上がります。子供たちもそうした空間にいることで「あれはいいプレーなんだな」「やっぱりピッチは広く使ったほうがいいんだな」と分かります。スタジアムでピッチ全体を眺めながら、いいプレーを学べるのは有意義です。

こうした点を考えると、日本のサッカーが強くなるためには、ただ育成年代の指導法やシステムを変えるだけでなく、**サッカーを見る文化やスタジアムの応援文化を育むことも大切**だと感じます。

「育成大国スペイン」誕生の背景

このコラムでは、スペインのサッカーのスタイルや育成のシステムが、どのように築かれたのかをザザッと確認してみましょう。

スペインサッカーはオランダの影響を多分に受けています。一番大きな出来事はクライフが選手・監督としてバルセロナの戦術を整備したことです。またクライフが選手としてプレーしていた時期は、トータルフットボールの伝道師であるリヌス・ミケルスがバルセロナの監督を務めていました。

クライフには「ボールを走らせろ。ボールは疲れない」という有名な言葉がありますが、そのクライフの登場以降、バルセロナはしっかりボールをつなぐサッカーを自らのスタイルにしていきました。

そのバルセロナのスタイルは、育成組織にもしっかり根付いていきます。私が２０１０年の著書『スペインサッカーの神髄』（白夜書房）で当時バルセロナ育成部のコーディネーターを務めたアルベルト・カペジャスに話を伺（うかが）ったときも、「クライフが監督としてトップチームを率いた時に、アヤックスのモデルを参考にして導入したシステムやメソッドが大きく影響しています」と話していました。

一方でスペイン代表は、以前からいい選手はいても、フィジカルで負けることが多いチームでした。そしてキーパーやディフェンスラインには、屈強なバスク人を起用する伝統がありました。

そうした代表のスタイルを変えて、2008年にユーロ優勝に導いたのがルイス・アラゴネス監督です。当時のチームはシャビ、イニエスタ、セスク、シルバという「クアトロ・フゴーネス（4人の創造者）」と呼ばれる4人を中盤に並べて話題を呼びました。彼らはテクニックと状況判断に優れた小柄な選手たちですが、それを4人揃えて中盤に使うシステムは斬新なもの。「そんな同じような選手を揃えてサッカーが成り立つのか」と批判も浴びましたが、アラゴネスのチームはボール保持とパスサッカーで突き抜ける戦いをして、2008年のユーロで見事優勝を飾りました。

また当時スペインでは、ジョゼップ・グアルディオラが監督を務めたバルセロナが黄金期を迎えていました（2008年〜2012年）。エレガントなパスを回すティキ・タカと呼ばれるスタイルが確立され、そのバルセロナの選手たちがスペイン代表でも中心を担っていました。この時期に、バルセロナのスタイルと代表のサッカーは融合し、今のサッカーファンの人たちが思い浮かべる「スペインサッカー」のイメージが確立されました。

私がスペインに長期滞在していたのは2004年~2010年で、まさにスペインの育成が花開きはじめた頃です。私が滞在をはじめたころのスペインサッカーは、レアル・マドリーの銀河系軍団がもてはやされていました。バルセロナは暗黒期でしたが、シャビやイニエスタといったカンテラーノたちが出てきていて、スペインサッカー連盟が20年、30年と地道につけていた育成の成果が現れはじめていました。そんな環境下で指導者の勉強をしたことで、スペインサッカーの神髄が育成にあったと分かりました。

なお本書では、特にスペインにフォーカスしてその育成の特色を紹介していますが、ヨーロッパのサッカーの盛んな国は、スペインに近いような戦術的な指導を子供の頃から行っています。「サッカー界のなかでスペインだけが育成組織が優れている」というよりは、第2部で紹介する日本の育成環境が世界的に見ても異例であることを、みなさんに知ってもらいたいと思っています。

1-6 学業や生活との両立

——サッカー以外の人生も満喫

文武両道という言葉がなくてもスポーツと勉強を両立

日本の学生スポーツでは、学業とスポーツを両立することを指して「文武両道」という言葉がよく使われます。一方のスペインでは同じような意味の言葉を聞いたことがありません。しかし、地元のプロクラブの下部組織でプレーする多くの子供たちが学業とスポーツを両立していて、日本の子供たち以上に勉強も頑張っています。当たり前のことすぎて、そうした言葉が存在しないのかもしれません。

先ほど「スペインではサッカー選手の社会的地位が高い」という話を書きましたが、「一流のスポーツ選手は周囲からリスペクトされる存在だから、きちんと学業も頑張って、みんなから憧れられるような人間になろう」という意識を、スペインの育成年代の指導者やクラブ関係者からは感じます。

また「プロのサッカー選手になることのリスク」もスペインの人たちは自覚しています。プロになることはゴールではなく苦しい道のりのスタートで、大きな怪我をすれば即引退もあり得ます。活躍できたとしても30歳～35歳くらいには引退する選手がほとんどで、そこからのほうが人生は長いのです。遊んで暮らせるほどの大金を手にできる選手は一握りですし、それだけ稼いでも破産しているような選手もたくさんいます。

そうした状況をクラブ側が知っているからこそ、子供たちに学業もしっかり修めてもらい、**プロになれてもならなくても、学業を通じて仕事のキャリアを広げてもらうことを大事にしています。**

日本では「いい大学に入れてさえしまえば、その後の人生は潰しがきく」みたいな考えが今でもありますが、スペインにはない考え方です。スペインでは入学した大学でその人を評価する習慣はなく、「どんな学業を修めてきたのか」「それが仕事にどう役に立つのか」で人を評価するため、大卒1年目の人を採用する企業も少ないです。だからこそ、真面目に勉強を続ける人が多いのでしょう。

久保建英の所属するレアル・ソシエダ（ラ・レアル）は、日本のヤスダグループが「クラブのフィロソフィーに感銘を受けた」ということでメインスポンサーになって話題を呼びました。久保選手もレアル・ソシエダに入ってから、クラブの方針や学業に励むチームメイトの影響を受けて勉強をしているそうです。

ラ・レアルではトップチームで主力として活躍している選手にも、そうやって勉強を求める哲学があるのです。ラ・レアルでは下部組織の選手に大学への進学を奨励しているのはもちろん、スペイン代表になったミケル・オヤルサバルのような選手も、デウスト大学でビジネスを学んでいたことで有名です。下部組織出身のトップチームの選手には、彼のように何かしらの専門的な学問を究めている子たちが多いと聞いています。

少し前までは勉強に積極的でない選手もいました。たとえばレアル・マドリーで活躍したイスコ。彼はバレンシアのカンテラ出身で、私も現地に住んでいた頃からよく知っている選手です。バレンシアのカンテラ時代からずば抜けた才能でアンダーの代表に選ばれていましたが、トップチームデビューを飾る前から学業を半ば放棄してしまい、バレンシアのアカデミー関係者から問題視、心配されていました。ただ、最近はそうした選手は少なくなってきている印象です。

その背景には、**プロクラブのアカデミーが学業や人間教育を重視していることがあります。**その結果として人間的にも洗練された選手や、専門性を極めた選手が増えている印象です。国立の体育大学に通っていたイニエスタなどは、最後まで通えず中退してしまっていますが、今の世代の若手選手には卒業している人も多いはずです。

たとえばバルセロナの20歳のMFフェルミン・ロペスは、トップチームで出場する傍ら、国立の体育大学に通い続けています。バルセロナでは、トップチームで活躍できるレベルの選手でも、勉強を続けることを推奨しています。「大学は辞めてサッカーに集中しろ」ということは絶対に言いません。そうやって、超一流のアスリートでも大学で勉強したり、別の分野で自分を高めるような生き方をするのは、世界的な傾向になりつつあります。

バルセロナの育成組織は「学業支援」もハイレベル

バルセロナのような超トップクラスのプロクラブには、マスコミの注目から有望選手を守り、学業面をサポートする体制も整っています。**サッカー選手として優れた能力のある選手を育成するのは当たり前で、ピッチ外の部分で努力をしているということです。**

なおバルセロナは２０１５年に18歳未満の国際移籍でＦＩＦＡの規約に違反したと判断され、久保建英ら外国籍選手複数名の公式戦出場が禁止されましたが、その以前は世界中から有望なサッカー選手を下部組織に呼び寄せていたので、語学教育のサポートなども手厚く行ってました。

バルセロナは提携している学校もハイレベルです。発展途上国から選手を連れ出し、教育環境も整備してこなかったクラブではありません。学業面・教育面でも莫大な投資をしており、一番レベルの高い環境を用意していたバルセロナが補強禁止の厳しい処分を受けたことには、私個人も理不尽さと憤りを感じました。

久保が所属していた頃の報道からもわかるように、バルセロナは育成年代の選手にも世界的な注目が集まるチームで、まだ子供といえる選手たちにもいろんな大人たちが近寄ろうとします。だからこそ当時の**バルセルナの下部組織では、ミッドウィークは外部の人間はシャットアウトして静かな環境でトレーニングをしており、育成年代については取材も制限していました。**

当時は本書のコラムにも登場するアルベル・プッチ（アルビレックス新潟やFC東京で監督を歴任）が育成のコーディネーターで、私は2010年の秋ごろに取材をしていました。その頃は、今レバークーゼンでブレイクしているスペイン代表DFアレハンドロ・グリマルドが、バルセロナBで15歳349日でデビューした時期でした。私が「15歳でデビューしたグリマルドは凄いですね」とアルベルに伝えたら、「若い選手が少し試合に出て、それが史上最年少でデビューだからといって、あまり記事にしないでほしい」と日本人ジャーナリストの私に真顔で言ってきました。育成のトップとして、選手を守ることを優先できるのは素晴らしい考え方です。

最近のニュースでいうと、バルセロナはラ・マシア（選手寮）にあまり早い年齢から選手を入れず、18歳までは親元から通ってもらう方針をとっています。それは、そのほうが生活環境も精神面も安定するから…というのが狙いなのでしょう。

2015年に18歳未満の国際移籍でFIFAの規約に違反したと判断されて以降、バルセロナは12歳以下の選手については国外から選手を集めることができなくなり（EU圏内選手は16歳から獲得可能)、原則カタルーニャ州の中だけで選手をスカウトしています。しかし、カタルーニャ州も広いので、片道1時間や2時間をかけて通っている子もいます。そのためバルセロナは親に送り迎えをさせずに、年間数千万円もの予算を割いて、1人1人に個人タクシーをつけていました。最近の財政難で打ち切られてしまいましたが、バルセロナの練習場の前では個人タクシーのおじさんたちが練習を眺めているのが風物詩でした。

予算削減で今後は悪い影響も出てくるかもしれませんが、今でもバルセロナが育成組織に割いている予算は非常に大きいのです。

「人生の全てをサッカーに捧げる」という考え方をしない

朝練、自主練までして、毎日のようにサッカーの練習をすることに慣れている日本人からすると、「スペインの子供たちも、もっと長い時間練習をしたら、よりサッカーが上手くなるのではないか?」と感じるかもしれません。

しかし、スペインの指導者や子供、その保護者たちは、「今の状態でも十分に練習はしているし、やりすぎたところで上手くなるわけじゃない」と考えているはずです。

その背景には、まず先にも書いた**「プロになるのは簡単なことじゃない」というリアルな認識**

があるのでしょう。サッカーをしている子供のうち、プロになれる選手は1%もいませんし、「宝くじを当てるよりも難しい」と彼らは認識しています。であれば、プロになれないことを想定して人生・生活設計をしようというのが、ごく普通な考え方です。

もちろんサッカー選手を夢見る小さな子供もいますが、長い先の将来を見据えるよりは、目の前のサッカーを満喫している子供たちが多いと感じました。だから毎週末の公式戦に向けて、楽しんで練習をしながらモチベーションを上げて、楽しんで試合をしていた印象です。

また、日本人の一部にいる「生活を犠牲にして仕事に人生を捧げる」というような人もいません。スペインの人たちは家族や友人を大事にします。自分という主体の周りに仕事や家族、友人、趣味といった様々な大事なものを置いておくという生き方をしている人が多いのです。

スペインでは外で働いている父親も、残業をせず夕方頃には帰ってくるのが普通です。食事の前に家族でテラスに出て、お茶やビールを飲んだりする光景もよく見られます。日本と比べると、家族と過ごす時間は確実に長いでしょう。

しかし日本は違います。父親が夜遅くまで帰ってこない家はいまだ多いですし、学校が終わった後の子供に習い事を詰め込んでしまう母親も多いです。スペイン人が見たら「もっと家族や友達と過ごす時間を持ったほうがいいんじゃない？」と思うはずですが、そのあたりは人生観の違いなのかもしれません。ただ私は、スペイン人のほうが生活に余裕があると感じますし、**「人生**

を主体的に生きている人」「今を楽しんでいる人」が多いと感じました。

「今の生活に犠牲を強いてまで夢の実現を目指す」という生き方も、スペイン人からすると「今の延長線上に未来の自分がいるはずなのに、何でここで苦しいことをして今を我慢、犠牲にしなければいけないの？」という印象なのでしょう。「我慢すること」というのは日本人の美徳なのかもしれませんが、どちらが人生を楽しんでいるかといったら、今、この瞬間を楽しんでいるスペイン人のほうだと私は感じます。だからこそスペイン人の方が、健全で緩やかな日常の時間が流れているのかもしれません。

1-7 指導者とクラブ運営
――ほぼ無給でも優秀な指導者が集まるわけ

ほぼボランティア(無給)でも、指導者の生活が成り立つ

スペインの育成システムには「指導者がお金をもらえず、ほぼボランティアで指導している」という特徴があります。支払いがあっても交通費程度のわずかな金額です。

少なくとも私がスペインにいた頃は、プロクラブの下部組織でも最上位のカテゴリーのフベニールの監督以外はフルタイムの契約をしていませんでした。基本的にみんな日中は別の仕事をしていて、それを終えてから指導する形です。スペインは残業がない仕事が多いので、夕方の決まった時間に指導に来ることができるのです。

そうした話を聞くと「スペインの指導者は待遇が悪い」と感じるかもしれませんが、一方で**「優れた指導をしている人はどんどん上に引き上げられる」という特徴と魅力**があります。

私がスペイン在住時に仲良くしていた指導者は、昼間は銀行員をしていますが、今はセミプロの指導者で、上から数えて3番目のリーグ(RFEF 1部リーグ)のトップチームの監督を務

めています。

ただ彼は、「プロになろうか考えているけど、銀行員を辞めると生活が不安定になるから悩んでいる」と言っていました。3部リーグのセミプロクラブの監督でも兼業ができることなども、日本とはかなり事情が違うといえるでしょう。

スペインではプロクラブ以外の街クラブ全体の運営も基本的にボランティアで成り立っています。そのため事務方の人たちも別の仕事を持っていて、クラブ関係の業務では大したお金はもらっていません。

私がコーチをしていた街クラブも、クラブの関係者はみんな本業を持っていました。平日15時ぐらいまで本業をやって、そこからクラブの仕事をするスタンスの人が多かったです。

サッカー大国のスペインでも、育成年代のクラブはそれだけでビジネスになることはありません。そこは善意や熱意で成り立っている部分が大きいですし、それは保護者の負担に頼っている日本と同じです。ただ先述のように、州サッカー協会との連携やクラブの組織、取り組む業務が非常にシステム化・効率化されている点が大きな違いといえるでしょう。

最上級の指導者ライセンスも「運転免許のように誰でも取れる」

指導者のライセンスの制度も日本とは違います。スペインのライセンスは3段階あり、レベル1のライセンスは育成年代のチームの監督に必要なもの。レベル2のライセンスは地域リーグの監督に必要なもので、レベル3のライセンスはトップリーグ（プロ）のチームの監督に必要なものになります。

第2部で詳しく解説するように、**日本では最上位のS級ライセンスはごく一部の人しか取得できませんが、スペインは違います。**スペインにおける指導者のライセンスは、日本の運転免許のようなもの。誰でも普通に指導をしていれば、3段階あるライセンスの最上級のものまで取得するチャンスを得られます。その代わり、運転免許と一緒で教えることは基礎的なルールが中心で、「後は自分で頑張りなさい」という形です。

誰でも取れる一方で、最上位の資格までは、取得に時間がかか

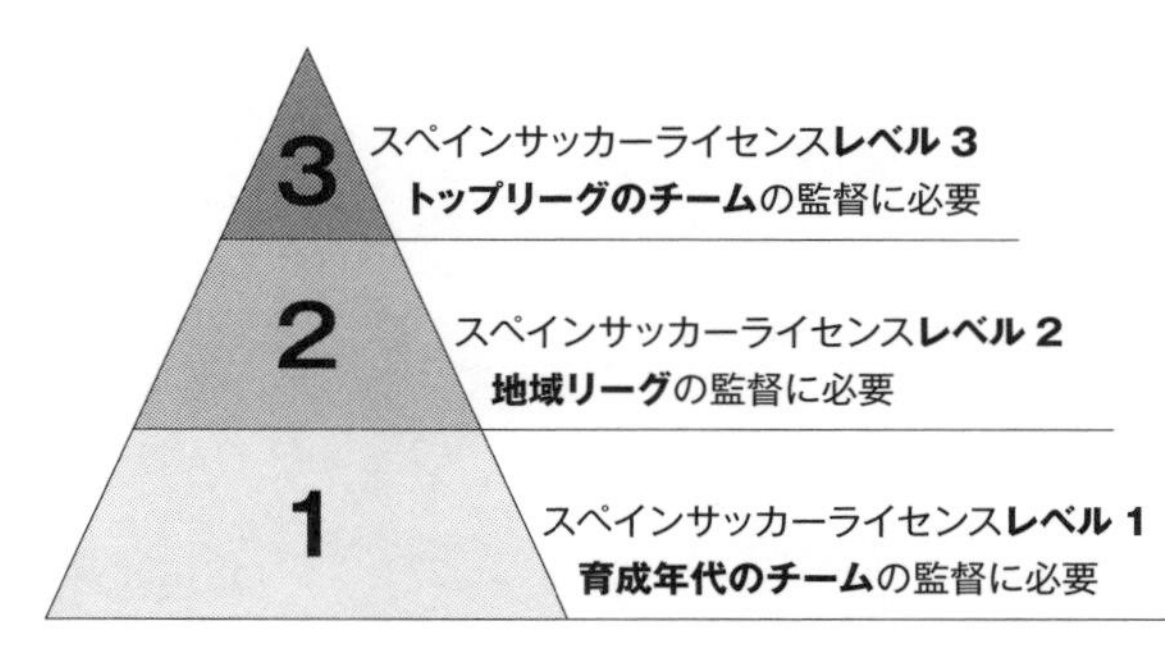

ります。レベル3の資格まで取得した、先述のゴルカ・オタエギさんの話では、レベル1でも週3日の授業に1年間通う必要があり、サッカーの戦術や指導法のみならず、スポーツに関わる生理学や解剖学、法律など様々なことを学びます。そして試験も行われます。

その後、2年目からは実際にクラブで指導を行い、1年間のトレーニング経験を積むことでレベル2の資格にステップアップできます。最高レベルの3の資格を取得するには、さらに現場での経験を積む必要があり、最短でも5年程度の期間がかかると言っていました。

スペインでは小学生を指導する場合も「レベル1」のライセンスが必ず求められます。一方の日本の小学生年代では、サッカー指導者のライセンスを一切持たずに子供を指導する〝パパコーチ〟も多いです。

日本の指導者ライセンスは日本サッカー協会が管理していますが、スペインは各州のサッカー協会がライセンスの管理をしており、州単位で講習・試験を行っています。そのため希望者は取得しやすい環境がありますし、日本よりお金もかかりません。

州ごとにライセンスを管理するスペインの体制には他にもメリットがあります。それは各州のトップクラスの監督やフィジカルコーチが実際に講義をしてくれることです。いま現場で行われている最前線の指導を学べるのは、凄く面白いし、ためになります。

先述のように、スペインの指導者は基本的に日中は別の仕事をしているので、ライセンス講習も夜の18時や19時など、無理なく参加できる時間に設定される事が多いです。さらに週末に実技試験を行う形のため、働きながらでも無理なく取得が可能となっています。

育成年代の指導者もステップアップできる仕組みがある

スペインの指導者は、小学生を指導する人でもライセンスを持っています。そして先に紹介した3部リーグの監督になった指導者のように、中高生のコーチでも、いい指導をしていたら注目が集まるため、結果を出したらどんどん上に引き抜かれていきます。

育成年代の指導者にもトップリーグまでステップアップできる夢があるのです。スペインではプロになれる選手の見極めも早いため、15歳ぐらいで選手の道を諦めて、選手としてのキャリアなく指導をはじめる子供もいます。若くして1部の監督になった人もたくさんいます。そうした指導者が多く生まれる背景には、誰でも努力すれば最上位ライセンスを取得できる仕組みが関係しています。

日本人でもスペインに渡って指導者ライセンスを取得し、現地で指導者として活躍している人は複数います。私も現地でコーチをしていた経験がありますが、そうしたことが可能なのは、たとえ外国人でも、指導の内容がしっかりしていれば指導者を任せてくれる土壌があるからです。

日本では、サッカーの盛んな欧州や南米から来た指導者は別として、日本よりもＦＩＦＡランキングが下の国から来た外国人に子供の指導を任せたりはしないでしょう。

スペインの人たちは、指導者が外国人だからと色眼鏡で見たりはしません。私が現地で指導をしていたときも、「日本人だから」という理由で嫌な目で見られたり、何かを言われたことは一切ありませんでした。

小さな街クラブでも「スポーツダイレクター」が存在する

スペインでは小さな街クラブにも「スポーツダイレクター」という立場の人がいます。各年代のカテゴリーを担当する指導者のさらに上の立場で、指導全般を監督する立場の人間です。

このスポーツダイレクターは、週末の各カテゴリーの試合はもちろんチェックしますし、平日のトレーニングも適宜(てきぎ)見に来ます。特に週末の試合で結果が出なかったときは、その翌週のトレーニングはよく見に来ていました。

そのため**育成年代の小さなクラブでも、スポーツダイレクターの判断で成績不振での監督解任はごく普通に行われます。**成績不振以外でも、選手や保護者との関係が上手く築けずに交代になることもあります。スポーツダイレクターは、試合や指導の内容だけでなくチーム運営の部分まで目を光らせています。チームの指導者は常にその実力を試され、行動を観察される立場にいるのです。

スペインでは「保護者の目」も厳しいです。先に書いたように、スペインの練習場にはスタンドやバルが併設されているため、試合だけでなく平日の練習も見に来る保護者は多いです。サッカー文化が根付いている国のため、親たちもサッカーの本質を知っています。そのため指導者たちは保護者たちに見張られている緊張感を持ちながら指導をしているのです。**そして指導や試合の戦術についても「それを実践した理由」を説明できる必要がありますし、自分のサッカーの哲学を持っていることが求められます。**

そのため体罰や言葉の暴言は、スペインの指導現場では起こりようがありません。もし、そんな事態が起こったら、すぐにクラブのスポーツダイレクターに話が届き、警察にも通報されかねないからです。そうした大人の監視の目があることも、健全な育成環境を保つことに一役買っているでしょう。

「子供より指導者の方が偉い」という考え方がない

文化の違い、言語の違いもあるでしょうが、スペイン人の人間関係はフラットです。指導者と選手の関係も「横並び」で、普通にファーストネームで呼び合います。日本のように年配者を「さん付け」で呼んだり、相手に合わせて敬語を使ったりする言葉の文化もありません。そのため保護者と指導者の関係でも、「指導者のほうが偉い」「指導者が年配の人だから偉い」といった考え方は一切ありません。

そして街クラブでもスポーツダイレクターがいて、毎年のチームの監督の編成権を握っているため、日本の一部のクラブや学校のように、**監督の権力が肥大化することもありません。**

またスポーツダイレクターがいることで、クラブは一貫した指導哲学を貫くことができ、そのクラブ独自の特色も作ることもできます。私がコーチをしていた10年以上前でもGoogleドライブを使って指導者間で練習メソッドを共有していましたし、今はもっと別のアプリやツールを使って情報共有が行われているでしょう。決して大きくない街クラブでもデジタルツールを使っていたのは、スペインの凄さだと感じました。

そして「自分たちはこういうサッカーを目指す」という明確な方針があれば、その情報を開示して、外部に発信することで、選手を集めることができます。**保護者やクラブの側も自分たちに合ったクラブを選ぶことができます。**

ちなみにスペインでは、2年刻みの年代カテゴリーが変わるごとに指導者が変わるのが普通です。同じ指導者から3年や6年にわたって指導を受けることはありません。これは、「子供たちがいろいろな指導者のもとでいろいろなサッカー観を身につけられる」という点で良いことだと思います。一方の日本は小学生の間は同じ指導者、中学生の間は同じ指導者とそのまま持ち上がっていきます。そのため、その監督の考えるサッカー観しか学べないのはデメリットといえるでしょう。

選手をコマのように使う指導者は淘汰(とうた)される

もちろんスペインにも、自分のチームの成績だけを重視して、選手をコマのように使う独りよがりな指導者もいます。ただし、街の育成クラブでもクラブが指導者を管理する体制が日本よりも整っているので、**選手を潰すような指導者は排除されていきます。**トップレベルのプロクラブでは、そうした指導者と契約することもないでしょう。自然淘汰で良い指導者だけが残っていく仕組みがスペインにはあるわけです。

またスペインでは、「育成年代でチームが優勝したこと」は所属選手の評価にはさほど繋がりませんし、大きな話題に上がることもありません。この点は、高校サッカーの熱量が凄まじく、「選手権」こと全国高等学校サッカー選手権大会で好成績を残すことが、大きなステータスになる日本との違いでしょう。そもそもスペインの育成年代に一発勝負の全国大会は存在しませんから。

一方でスペインでは、「あのプロ選手はあのクラブの下部組織で〇〇の指導を受けていた」という指導者の話は比較的よくされます。そうやって育成年代の指導者でも評判が広まりやすく、それが評価につながる市場原理も働いているため、**スペインの指導者は「目先の勝利」よりも「長い目で見たチーム、個人としての成長」、「上のカテゴリーでも通用する選手を育てること」に意欲を持っています。**もちろんチームはチームでその年のリーグ優勝を目指してはいますが、選手の将来を犠牲にしてまで今この試合の勝利、そのシーズンの優勝を目指すことはないのです。

保護者が「監督には直接意見を言えないシステム」がある

スペインと日本では、サッカーをする子供の保護者の雰囲気もかなり違います。スペインの保護者は、日本以上にサッカーに熱い人が多いですし、日本以上に過保護だとも感じます。中には審判に暴言を吐く人もいますし、勝手に選手に指示を送る人もいます。対戦相手のチームの保護者と煽り合ってケンカになることもありますし、指導者の胸ぐらを掴んで警察沙汰になるようなこともあります。

これは極端な例ですが、日本以上に熱い国民性だからこそ、バルセロナのような**プロクラブの下部組織は、保護者にも厳しいルールを設けています。**バルセロナの下部組織の保護者が、そうした振る舞いを繰り返せば子供が次のカテゴリーに昇格できなかったり、チームを追放されることもあり得ます。そのため強豪クラブの下部組織ほど親の素行もいいです。

私がいた街クラブでも、保護者が問題を起こす子供には、次のカテゴリーに昇格する際の査定で問題点として考慮されていました。**実際に、いくら注意しても問題行動を止めない保護者もいるのです。**言葉の暴力レベルであればクラブも仲介に入ることはありますが、暴力が起こればすぐに警察です。そのあたりは日本以上に自己責任社会といえます。

そうした熱すぎる部分には問題がありますが、**「保護者自身の責任において意見を自由に言える環境があること」は大事**です。

スペインの保護者たちはスポーツダイレクター相手でも強気です。自分の子供がスタメンに入れないだけで、「なんでうちの子は先発じゃないんだ。しかもチームとして結果が出てないじゃないか」と文句を言いに行きます。

一方の日本の小学生年代のチームでは、保護者にも〝行儀正しさ〟が求められることが多いです。試合中は「頑張れ」のようなポジティブな声がけのみが認められ、「選手に対する具体的な指示出しはやめてください」と言われることも少なくありません。公式の大会でそうした声が目立つと、大会運営本部からクラブが注意され、あまりに事態が重いと今後の大会に出場できなくなる可能性もあります。そのため日本の親はルールを守りながらやっている印象ですが、もう少し自然に声を出せるルールに変えていくと、日本のサッカー文化もいい方向に向かっていくのではないでしょうか。

指導者には「ファシリテーター」の役割が求められる

スペインの子供たちはサッカーについて議論する語彙（ごい）力を持っています。ハーフタイムにロッカールームでは12、13歳でもクーリングダウンしながら「前半のあの場面はこうすべきだった」「後半はこんなシステムにすべきだ」と意見を出し合っています。汗が引くまで5分ほどはそうやって選手たちに話させて、最終的には監督が入って「じゃあ後半はこんな形でやっていこう」と話をまとめます。

監督はみんなに良い議論をさせたうえで、最終的にチームを一つの方向に導いていくファシリテーターの役割を求められています。それはサッカーというチームスポーツの指導者の役割として、非常に理想的なものです。

そうした議論ができるのは、ロッカールームというチームで議論ができる空間があることも大きいです。日本でもベンチに座ったり、円陣を組んだりして同じことをできなくはないですが、スペインの方がそうした議論をしやすい環境だと感じます。そしてスペインの選手たちは指導者が「うるさい黙って！」と言わない限り黙りません。

主張や意見をぶつけあって、最終的に監督が方針をまとめるのがサッカーだとスペインの子たちは思っています。一方で日本では黙々とプレーすることが美徳とされる一面もあります。「監督が一番偉いから、監督の言うことをそのまま聞くことが大切」「チームの方針とは異なる自分の意見を言うのは良くないこと」と思っている子もいるでしょう。

これは文化的な背景や国民性の違いの話でもあるので難しいことですが、サッカーやラグビーのように瞬時に選手自身が判断をしなければいけないスポーツでは、スペインの子供たちのような考え方を持つことが必要です。またそうしたメンタリティを身につけることは、サッカーに限らず、グローバルに通用する人材を目指すうえで大きな役に立つはずです。

練習試合も審判の育成に役立つ効率的なシステム

スペインでは審判の派遣や育成についても優れたシステムを持っています。スペインの育成年代で練習試合を行うときは、各州のサッカー協会に日付を伝えて申請を出せば、審判を派遣してもらえるシステムがあります。そしてサッカー協会側は登録している審判に練習試合の日程や場所を提示し、手を上げた審判が担当する仕組みです。

ちなみに私がスペインにいた頃は30ユーロ程度の手当が審判に支払われていました。日曜日か土曜日の2時間を使って軽いバイトをできる感覚のため、やりたい人も少なくありません。その手当は両チームの負担になりますが、一人あたりの金額は全く大した額ではありません。

このスペインのシステムは、審判として上を目指したい人にとってもいい制度で、みんながウィン・ウィンになっています。

一方の日本で練習試合をするときは、自分たちで4級審判のライセンスを持っている人を探さなければいけないので、所属クラブから「みなさんも審判資格を取ってください」と保護者にお達しがくることもあります。

スペインサッカー全体としても、この仕組みは審判育成に役立っています。**審判の仕事を本格**

的にしていきたい人に、実戦経験の場を提供できるからです。スペインでは15歳くらいから審判の道に進んで協会に登録をして、実戦経験を積んでいる若い審判が多くいます。日本も学生審判を育てようとしていますが、実践経験を積める場所を探すのが大変な状況なので、そのマッチングを行う仕組みとして、スペインは非常に参考になります。

日本の場合は、審判を目指している子たちを育成する環境が足りません。それは指導者にも言えることです。スペインでは10代半ばで3部や4部でプレーしていて、「自分は選手の道は厳しいな」と思った人も、サッカーを趣味として楽しみながら審判や指導者の道に切り替えて、サッカー業界に残ることができるのです。

元FCバルセロナ・アカデミーダイレクター

アルベル・プッチ・オルトネダ

特別対談

アルベル・プッチ・オルトネダ

1968年4月15日生まれ。スペイン・カタルーニャ州出身。地元クラブのアカデミーコーチを経て、2003年からFCバルセロナの下部組織でスカウト、コーチ、アカデミー・ダイレクターを歴任。在任中に発掘してきた選手には久保建英やアンス・ファティらがいる。2020年~21年にはアルビレックス新潟、22年~23年6月まではFC東京の監督を務めた。

FCバルセロナの下部組織で10年以上にわたって若手育成に携わり、日本ではアルビレックス新潟、FC東京の監督も務めたアルベル・プッチ・オルトネダ氏。スペインサッカーの育成の中心で活躍し、なおかつ日本サッカーにも精通するアルベル氏は、日本の育成環境をどう見ているのか——。

日本の問題は「メンタルの弱さ」と「決断力の低さ」

小澤　日本サッカーの育成の印象を聞かせてください。

アルベル　まずサッカーは、社会の中にあるスポーツです。そしてサッカーのルールでは、相手より多くのゴールを入れることで、試合に勝つことができます。そのルールで勝利を目指すには、プレーする国の文化や気候、教育状況など、あらゆることを考慮する必要があります。気候の例を挙げれば、気温が40℃を超えるようなブラジルやアフリカの地域では、コンスタントにプレッシャーをかけ続けることはできません。暑さによって10分で燃え尽きてしまうからです。その逆に-10℃のロシアでは、じっとしていると凍ってしまいます。

小澤さんもご存知のように、私は日本に4年間滞在していました。そこで私が発見したのは、日本は偉大な社会であり、道徳心が素晴らしい国であるということ。またその一方で、明確な欠点があるということです。

日本の教育や文化では、長時間の反復練習が人々の成長を支えています。大人たちは非常に長い時間働いています。「生産性」よりも「会社にいる時間の長さ」を大事にします。

たとえば私が、日本の会社で8時間かけている仕事を2時間で終わらせて、早く帰宅するのは不適切なことです。とても顰蹙を買うでしょう。2時間で仕事を終わらせて帰宅する人は、日本では「あまり仕事をしない人」と見られてしまうからです。


日本人は仕事熱心です。働き続けることが美徳とされています。それ自体はいいことですが、日本のサッカーの育成において、その文化はどう働くでしょうか。

日本サッカーの育成の欠陥は、長い時間の反復練習を続けることです。日本選手のシュート練習はとても印象的なものでした。毎日30万回は繰り返しているのではないでしょうか（笑）。

しかし、試合でチャンスが訪れたときの決断力のなさには落胆します。なぜなら、決断力を高めるトレーニングをしていないからです。こうしたトレーニングの状況は改善が必要です。決断力が不足している選手は、優れたテクニックやフィジカルを持っていても、試合では不利な状況に立たされてしまうからです。

もう一つの日本サッカーの育成の大きな欠点

は、選手の競争心のなさです。

サッカー以外の仕事においても、人生のあらゆることにおいても、ナンバー1のエリートになるためには、とても高い競争心を持つことが必要です。しかし日本の教育では、「人の命令に従うこと」を重視し、平等を大事にします。そうした教育環境では、選手の競争心は育ちませんし、メンタルも強くなりません。

ただし、長友（佑都）や（松木）玖生、久保建英などは非常に強いメンタルを持っています。

これは私がよく話すことですが、長友佑都は桁外れなテクニックを持った選手でしょうか？彼は4回ワールドカップに出場し、代表でもレギュラーを維持しつづけました。それは桁外れのテクニックのおかげですか？

小澤　勝者のメンタルのおかげでしょうね。

アルベル　その通りです。長友や玖生や久保は、非常に強いメンタルを持っています。久保建英は9歳でスペインに渡りましたが、当時から完全にラテン系の性格で、日本人的な従順さはありませんでした。その性格は、彼がエリートになることの大きな助けになったでしょう。

なぜサッカー選手に、強いメンタルが必要なのか。

サッカーには困難な場面が何十万回と訪れます。そこで倒れては立ち上がり、また倒れては立ち上がることを繰り返さねばなりません。その過程で選手は強くなるのです。

要約すると2つのことです。「メンタル」と「戦術的決断力」が日本の育成において大きな問題だということです。

指導者が「決断力を高める練習」を知らないのが問題

小澤　とても興味深い話です。勝者のメンタルは日本サッカーの育成でも育てることはできるのでしょうか?

アルベル　はい。ここまで話した日本社会の状況を考えると、それは簡単なことではありませんが、もちろん可能です。

ある例を挙げます。なぜ、高校サッカー出身の選手は、Jリーグのクラブの下部組織の選手や、大卒の選手よりメンタルが強いのでしょうか?

それは、競争心を育む環境があるからです。

玖生の学校（青森山田高校）は、200人程度の部員がいても11人しかプレーできません。14歳や15歳の時点でポジションが与えられ、誰にも奪われずに成長していくアカデミーとは、その点は大きな違いでしょう。

自然淘汰と非常に強い競争環境は、競争心を育みます。全てが安定した穏やかな環境では、競争心のレベルは低くなります。そのため日本では競争力を高める環境をつくることが大事でしょう。

決断力を向上させるのに必要なのは、指導者を育成すること。ただそれだけです。

決断力を高めるトレーニング法を指導者が知らなければ、子供たちに教えることもできないからです。

また、そうしたトレーニングを組み込むことを含めて、日本サッカーの育成全体でトレーニングプランを再構築することも必要でしょう。その基盤を作ったうえで、高い競争力を持つために、レベルの高い大会を開催すべきです。

若手を育成できていないリーグの環境にも問題があります。

プレミアリーグ、ブンデスリーガ、ラ・リーガといった世界のトップリーグでは、18歳前後の年齢でもレベルの高い選手が続々とデビューしています。一方の日本では、優れた能力を持っているにもかかわらず、まだ自国のトップリーグでプレーしていない選手（大学生や高校生）が沢山います。

なぜ日本サッカーは、そうした若い選手を育てることに投資しないのでしょうか。

また、日本の監督は若手を積極的に使いません。

その理由の一つは、「負けが続いてクビになること」が怖いからでしょう。もう一つの理由は文化的なものです。それは、年長者を大げさに大事にするヒエラルキーの構造です。

試合に使う選手の選び方は、海外の監督のほうが簡単です。選手がベテランだろうが若手だろうが、それは選手起用にまったく影響しないからです。一方で日本の監督は、数日前に加入したベテランを、若手よりも大事にします。この文化は、育成の観点からは有害なものです。だから日本の監督はグラウンドで若い選手に賭けることはできないのです。

久保建英は9歳の頃から メンタルが強かった

小澤　久保建英について質問します。彼がレアル・ソシエダで素晴らしいプレーをしていることに驚いていますか？

アルベル　いいえ。驚くことはありません。タケは偉大な選手です。18歳でレアル・マドリーに移籍し、19歳でマジョルカでプレーしました。22歳になった今、彼は世界トップレベルの選手に成長しています。

小澤　久保建英は2011年に、あなたがアカデミー・ダイレクターを務めていたバルセロナの下部組織に登録されています。

アルベル　「日本に9歳の凄く良い選手がいる」とエルナンデス（元アルビレックス新潟ヘッドコーチのオスカル・エルナンデス氏）が私に伝えてきました。「9歳で日本からスペインに渡るのはあり得ないことだ」と言いましたが、家族もバルセロナに移住すると聞いたので、私はそれを了承しました。

そしてバルセロナで彼のプレーを見て、1日、2日のうちに素晴らしい選手だと気づきました。私はタケの家族に「この年齢で日本から来た選手と契約することは普通ない。しかし、ここに家族で住むために来て、そのための必要な書類が全て揃っているなら、地元の人間として迎え入れる」と伝えました。

そのため、「バルセロナがタケの家族にお金を支払って呼び寄せた」というのは、誤りの情報です。バルセロナに住むことを決めたのは家族で、私達が支援したのは、言語の理解を助ける先生をつけたことだけです。
タケを見て驚いたのは、まずテクニックのレベルが本当に高かったことです。それ以上に驚いたのは、その頃からタケは強いメンタルを持ち、自信満々だったことです。そして規則を打ち破るのが好きな少年でもありました。決して「悪い子」ではなく、「手に負えない子ども」です。そんな日本人はほとんどいないでしょう。

小澤　そのとおりだと思います。なぜ、久保建英のようなタイプの選手が日本から現れたと思いますか？

アルベル　それは1億2千万人の人口がいるからではないでしょうか（笑）。彼は日本では異質な存在だと思いますが、他の国では彼のようなメンタルを持った選手はごく普通にいます。

小澤　もし久保建英がバルサのラ・マシアに来ていなかったら、今どこにいると思いますか？

アルベル　まず、バルサはサッカーを教わるにはとても良い偉大な場所であるのというのが私の考えです。

分かりやすく言うと、子供たちは12歳までに、エラーとソリューションを繰り返し長い時間学ばなければなりません。エラー、ソリューション、エラー、ソリューション、エラー、ソリューションを繰り返すわけです。

12歳から16、18歳くらいまでに必要なのは、「サッカーの言語」を理解することです。それを学べるのはバルサの強みであり、その教育で世界のトップです。その環境は彼にとっても素晴らしいものであり、成長において大いに助けになったと思います。

もしタケがバルサにいなければ、おそらくフットボールへの理解は低くなったでしょうが、ある程度のエリートにはなっていたでしょう。日本に残った場合は、スペインのリーグでレギュラーを取るのは遅くなったのではないでしょうか。彼はフットボールの理解力を鍛えたからこそ、今のようなトップエリートの位置に到達できたと思っています。

日本の「集団主義」を活かし、リーグも学校も一丸となって世界一を目指す

アルベル　日本やアジアの若い選手は、いち早くヨーロッパに渡ろうとします。

ヨーロッパには50の国があり、50のリーグがあります。しかしアジアの選手が移籍することが多いのは、EU外選手（外国人選手）の制限が緩やかなポルトガルやベルギーです。

これらのリーグのクラブは、「ビジネスのためのクラブ」です。「成長のためのクラブ」ではありません。クラブは、もし選手が上手く成長すれば、ヨーロッパのトップリーグに選手を売却しますが、それは全体の5％程度です。上手くいかなかった選手は、日本など自分の国に戻ります。

なお日本は、クラブに利益が残らないような形で、そうした国のクラブに選手を移籍させています。そして移籍した選手は、1年、2年とヨー

ロッパで満足にプレーできなくても、日本に戻ってプレーを続けられます。

日本に必要なのは、若く才能のある選手が、21歳や22歳まで、日本のリーグに留まれるような環境を整備することです。その年齢の時期も自国のリーグでプレーすれば、より若い選手たちの良い手本になるでしょう。

そうした準備期間を経て強くなれた選手は、育成組織の整ったリーグに移籍できます。そうした国のクラブは、選手を転売するために獲得しているわけではありません。

こうしたことを行えば、日本のサッカーのレベルは急上昇するでしょう。

今の日本では、三笘（薫）やタケ（久保建英）は例外的な存在です。ほとんどの日本人選手は、ヨーロッパに渡っても満足にプレーできずに売却されています。日本のリーグは、若い選手が残るように、より強くならねばいけません。

日本には、スポーツダイレクターやスカウトが能動的ではなく受動的であるという問題もあります。スポーツダイレクターやスカウトは、自分たちで優れた選手を見出して声をかけるのではなく、外からの提案を待っています。ブラジルのクラブから選手を獲得するときも、親しい代理人に「3人選手を提供してほしいので、リストを出してほしい。その中から選びます」という感じで打診します。能動的なスポーツダイレクターは、そんなことをせずに自身で理想の選手を探しに行きます。

そうしたスポーツダイレクターやスカウトは日本では少ない。非常にレベルが低いのです。その状態を改善すれば、間違いなく日本のサッカーは発展するはずです。

小澤　現在の日本の育成年代の指導者のレベルはどう思いますか？

アルベル　指導者は、より多くのことを理解しなければなりません。

ここまで話したように、教育のキーは「教える人」です。教えるためには、もっと、もっと、もっと、もっと、もっと遥かに多くのトレーニングを知らなければなりません。日本の指導者は、視野を広げるためにもヨーロッパ、南米など世界中を旅して様々なトレーニングを学び、選手教育に全てを反映させるべきです。この点はサッカー連盟が主体的に取り組み、大幅な改善を行うことが必要でしょう。

私が感じた日本の強みは、集団的な社会であること。そして集団で決定した目標の達成に向けて、みなが正しい方法で努力を続けられることです。一方でラテン系の人々は個人主義です。目標を定めても、「なぜ？」「なんで？」「私はそう思わない」という声が次々と上がります。私が提案したいのは、政府、サッカー連盟、Jリーグ、高校、指導者の全てが集まった会議を開催し、日本サッカーの目標を定めることです。そこで「サッカーで世界一を目指そう」と決めたら、国全体が1つになれるでしょう。日本は、この集団主義の文化を活かすべきですし、この戦略が成功すれば、日本はサッカーで世界トップ10に入る国になれるでしょう。

第2部

日本の課題と解決策

2-1 練習内容

――より楽しいサッカー、より頭を使うサッカーをするために必要なこと

小学生年代に大きな問題がある

第1部ではスペインサッカーの育成年代の特色を、日本との比較を交えて紹介してきました。この第2部では日本サッカーの育成環境の特色やメリット、デメリット、そして私が考える問題点・その解決策などを書いていきます。

まず日本の育成年代の年代カテゴリーについて確認しておきましょう。日本のサッカーはＪＦＡ（日本サッカー協会）によって1種～4種の年代別に分けられています。4種が小学生、3種が中学生、2種が高校生の年代です。つまり、6年（小学生）・3年（中学生）・3年（高校生）という学校の区切りに基づいた年代カテゴリーが設定されています。

日本サッカー協会登録の種類	
第一種	年齢制限なし
第二種	18歳未満（高校在学中含む）
第三種	15歳未満（中学校在学中含む）
第四種	12歳未満（小学校在学中含む）

Jクラブの下部組織も年代の区切り方は同じで、小学生年代が「ジュニアユース」、高校生年代が「ユース」という呼び方をされます。

まずこの点が、カテゴリーが2年刻みのスペインとは違います。なお年齢制限のない1種については、Jリーグのようなプロからアマチュア、大学生までが含まれるカテゴリーです。日本では大学が育成組織として果たす役割も大きいため、大学まで含めると年代カテゴリーは「6・3・3・4」という形で分かれていると言えるでしょう。

私が特に大きな問題を感じるのは、小学生年代の育成のあり方です。この時期は子供たちにとって「サッカーの入口」です。「サッカーはこんな楽しいスポーツなんだよ」と子供やその保護者に理解してもらい、サッカーの楽しさを知ってもらう非常に大切な時期です。

しかし**日本ではサッカーの本質を伝えないまま、この世代から「勝つか負けるか」を重視する勝利至上主義サッカーをはじめます。**そしてサッカーの楽しさがわからないうちに中学受験の時期に突入し、サッカーから離れてしまう子が非常に多いのです。そうなるとその後、中学校の部活でスポーツを選ぶ時期になっても、「楽しくなかったからサッカーはいいや」と思ってしまう子も多いでしょう。

これだけ少子化なのに、小学生年代の育成の初期段階で、日本のサッカーはかなり取りこぼしている印象を私は抱いています。

では、具体的にどのような問題があるのかを見ていきます。なおこの第2部では、先にも登場した、スペインと日本の両国で育成年代の指導経験があるサッカー指導者のゴルカ・オタエギさんのコメントも適宜紹介していきます。

小学生年代がサッカーをする組織は3種類

日本には全学年に年間を通じて行われるリーグ戦が浸透しきっていないことで、サッカークラブの運営も非常に効率が悪くなっています。それが顕著（けんちょ）なのが、小学生年代の少年団と言われるクラブです。

小学生の子供たちがサッカーをプレーする場所としては、大きく分けると**「スポーツ少年団」と「クラブチーム」「スクール」の3タイプ**があります。まず、その説明を簡単にしておきましょう。

「スポ少」とも呼ばれるスポーツ少年団（以下、少年団）は、地域に根ざした昔ながらのサッカークラブです。各地域の小学校のグラウンドを拠点としていることが多く、近所の子供達がプレーをしています。

費用面の安さも特徴です。保護者が支払うお金は年間1万円もいかないケースが多いと思います。ただし運営はボランティアで賄われているため、保護者が試合時の送迎や審判の当番をすることもあり、送迎の交通費などは負担が求められることがあります。**安い費用でスポーツをできているように見えて、スペインと比較すると時間的にも費用的にも手間は大きい**です。

少年団ではコーチもボランティアで、「パパコーチ」と呼ばれる保護者の父親や、地域のサッカー経験者が無償でサッカーを教えるのが一般的です。そのためライセンスを持った優秀な指導者がいるケースは少ないといえます。

一方の「クラブチーム」は、より地域の垣根を超えて選手を集めているチームです。Ｊクラブの下部組織もここに含まれます。少年団より選手のレベルも高く、ライセンスを持った指導者からより専門的な指導を受けられるクラブもありますし、上位のライセンスを持った指導者や元プロ選手がいる場合もあります。

プロのコーチを雇っているため費用は高くなり、月額1万円程度の費用がかかるのが普通です。大豆戸ＦＣ（Ｐ２０３）やＦＣ市川 GUNNERS の（Ｐ２０１）ように指導環境が充実したクラブは、月謝が2万円以上する場合もあります。

そのぶんクラブチームは少年団より親の負担が少ないのが一般的です。当番で送迎やコーチ、審判などを担当することも基本的にありません。クラブ運営の事務作業はもちろん、試合時のチーム全体の移動なども含めて、多くのことを任せられるのがメリットです。

「スクール」は、より習い事的にサッカーを教わる場所です。最近はＳＮＳやYouTubeでテクニック系の動画を発信しているインフルエンサーが、ドリブルなどのスキルに特化した「ドリブル塾」と呼ばれるスクールも増えてきています。そしてクラブチームや少年団は地域の公式戦に出場しますが、スクールは「サッカーの塾」のようなものなので、基本的には公式戦に出場しません。そのため活動日数は少年団やクラブチームより少なめのことが多いですが、習い事なので月謝は少年団より高めです。

日本では**人気のサッカースクールが数多くありますが、試合の機会が少ないことはデメリット**です。先に登場したサッカー指導者のオタエギさんも、レアル・マドリード・フットボールスクール・東京晴海校で指導をしていた子供の親たちに「こうしたスクールで指導を受けるのも良いことですが、チームに所属し、試合に出場して競い合うこともサッカーの上達を目指すうえでは非常に大事」と伝えていたそうです。

最近人気のドリブル塾、実はデメリットもあり

近年は少年団やクラブチームに参加しながら、ドリブル塾などのスクールを掛け持ちしている子供も目立つようになりました。そのため少年団の活動日数は少なくても、週に5日も6日もサッカーをする子供も出てきています。

ドリブル塾的なレッスンの流行には、さまざまな問題があると私は感じています。後に詳しく解説しますが、ここではまず、費用面のことだけ触れておきます。

ドリブル塾には、先に書いたスクールの形態で月謝1万円や1万5000円で毎月複数回のレッスンを行うところもありますし、週末に単発のイベント形式で開催し、一人あたり参加費2000円といった形態もあります。

普通の少年団なら年間でも1万円程度しか費用がかかりませんが、熱心な親はドリブル塾に行かせたり、別のレッスン系のスクールに通わせたりして、毎月1～2万円を子供のサッカーに使っている場合もあります。

そうやってお金を使うのであれば、**平日もしっかり練習をしてくれるクラブチームで練習をしたほうが、子供はサッカーの本質を理解できるし、本当の意味でサッカーが上手くなる**でしょう。

親が気にする習い事としての〝コスパ〟も、結果的にはクラブチームのほうが高いのではないかというのが私の見解です。

「本当の意味で頭を使うサッカー」をするためには何が必要か？

次に小学生年代の練習・試合の問題について書いていきます。日本の小学校年代の子供たちは、スペインの子供たちのような戦術的なサッカー、「頭を使うサッカー」ができていません。

それは、日本の子供たちに理解力がないからではありません。**指導者自身が頭を使う戦術的なサッカーを知らず、教えることができていないから。**これに尽きます。

たとえば私の長男があるスポーツ少年団の体験に行ったとき、とても驚いたことがありました。60分しか練習時間がないのに、4、5歳の子に最初の2、30分をボールなしの走り込みをさせていたのです。

まず必要なのは「ボールを使ってサッカーの楽しさを体験すること」なのに、自分の部活体験をもとに「サッカーは走り込みが大事」と思い込んでいるのかもしれません。その人は年配の指導者でしたが、そうした指導者は若い世代にも一定数いると感じます。

まともな戦術指導をされない少年団の子供たちは、とにかくボールを前に蹴り出して、みんなで前に向かって走るイケイケドンドンのサッカーばかりをすることになります。こうした少年団のサッカーは、35年前の私が小学生の頃にやっていたサッカーとほとんど変わっていません。このようなサッカーでは、体の大きい子がいる、足の速い子がいるチームが勝つことになってしまいます。

特に小さなころは体格差や体力差が非常に大きいです。そのため身体的なディスアドバンテージを抱えた子供は、前に大きく蹴り出してゴチャゴチャに競り合うサッカーをしていたら、サッカーを楽しむことができなくなります。

サッカーは本来、相手の戦い方も意識しながら戦術を組み立てることで、実力が劣るチームでも勝つことができるスポーツです。しかし、戦術のないサッカーをみんながしていたら、そうしたジャイアントキリングは起こり得ません。

戦術的な練習にも取り組んだほうが、より多くの子供がサッカーを楽しめるし、よりサッカーが上手くなる。そして試合もよりエキサイティングになる。それが私の意見です。

「足元の技術が高い子」ばかりを評価する風潮の改善を

第1部では、スペインでは監督から求められた役割や、試合の場面に応じて、常に適切で効果的なプレーを選択・実践できる選手こそが「サッカーが上手い選手」と認識されると書きました。**しかし日本の小学生年代では、そうした認識もなく、早熟でテクニックのある子供ばかりが注目されます。**

オタエギさんは「テクニックは確かに大事だが、その瞬間瞬間に『何をすべきか』を考えることができ、適切な判断を行える選手こそがピッチで違いを生み出せる」と話していましたが、そうした認識を持っている育成年代の指導者は、日本には少ないでしょう。

実際、私の息子の少年団で「上手い」と言われて評価されている選手は、1人でドリブル突破をゴリゴリできるような選手ばかりです。日本の子供のサッカーは団子サッカーになりがちのため、その団子を1人でぶち抜けるような、足元のテクニックに優れ、身体能力のある子供が評価されます。

こうした日本の環境だと、身体の発達の遅い子はボールに上手く絡めないし、評価もされません。だからサッカーが面白くないと感じてしまうし、早くにサッカーを辞めてしまうこともあります。

しかし、団子に入らずに適切な場所でパスを待つ子供を、「君はいいポジションを取っているね」と褒められる指導者がいれば、その子はサッカーを続けるでしょう。そして「サッカーを上手くプレーできる選手」として成長していけます。

もちろん身体能力を活かしてドリブル突破ができるのも立派な能力です。しかし、それ以外の強みや上手さを持つ子供もいますし、成長の早さは子供により違います。その点で、**指導者はより長期的な視点で、子供たちを見守って育てていくことが大切です。**

選手の体の成長の差は、ヨーロッパでもあります。9月に学期のはじまるヨーロッパでは、1～3月ごろに生まれた子のほうが同じ学年でも成長が早いので、プロクラブの下部組織に入る確率が高いとされています。日本は4月始まりなので、1～3月の早生まれの子供は逆に不利になります。

そしてヨーロッパでも子供の頃は身体能力が優れた子が目立ちます。近年ではバルセロナの下部組織でも、身体能力に優れた黒人ハーフのウイングの子が、パスをせずにドリブルでガンガン突破しているのをよく見たりします。

ただし、最終的にプロになった人を見ると、何月生まれが多いというデータは日本でもスペインでも特にないでしょう。身体能力に優れたプレイヤーのほうが早く注目され、早く活躍する傾向もあるかもしれませんが、**最終的には「プレー判断がいい選手」が残っていきます。**

「小学生の子供は戦術的なサッカーをできない」は誤解

団子サッカーになりがちなチームで子供をプレーさせている親には、「小学生にシステムや戦術を教えて指示しても実践できないんじゃないの？」と思う人もいるかもしれませんが、それは誤解です。

子供たちでも、教えれば絶対に戦術を理解できるし、実践できるようになります。小学生年代でも戦術的なサッカーを実践しているチームは、スペインにはごく普通にあるからです。そして日本でも、指導環境が整ったクラブは戦術的なサッカーを展開しています。

小学4年生の私の子供が出場していた試合を例に、「戦術的なサッカーを行わないことの弊害」を解説します。対戦相手は複数のJリーガーを輩出している強豪クラブでした。

日本の小学生のサッカーは8人制で、私の子供のチームのシステムは2-4-1。相手チームも2-4-1でした。そして相手チームはキーパーからビルドアップを行う際、2枚のセンターバックが左右に開く形を取っていました。日本でも小学校高学年の強豪チームになると、戦術的な指導ができる指導者がいて、ゴールキックからの組み立てにも形を持っています。

相手チームがそのようなビルドアップの形を取ってきたら、プレッシングをかける場合にも工

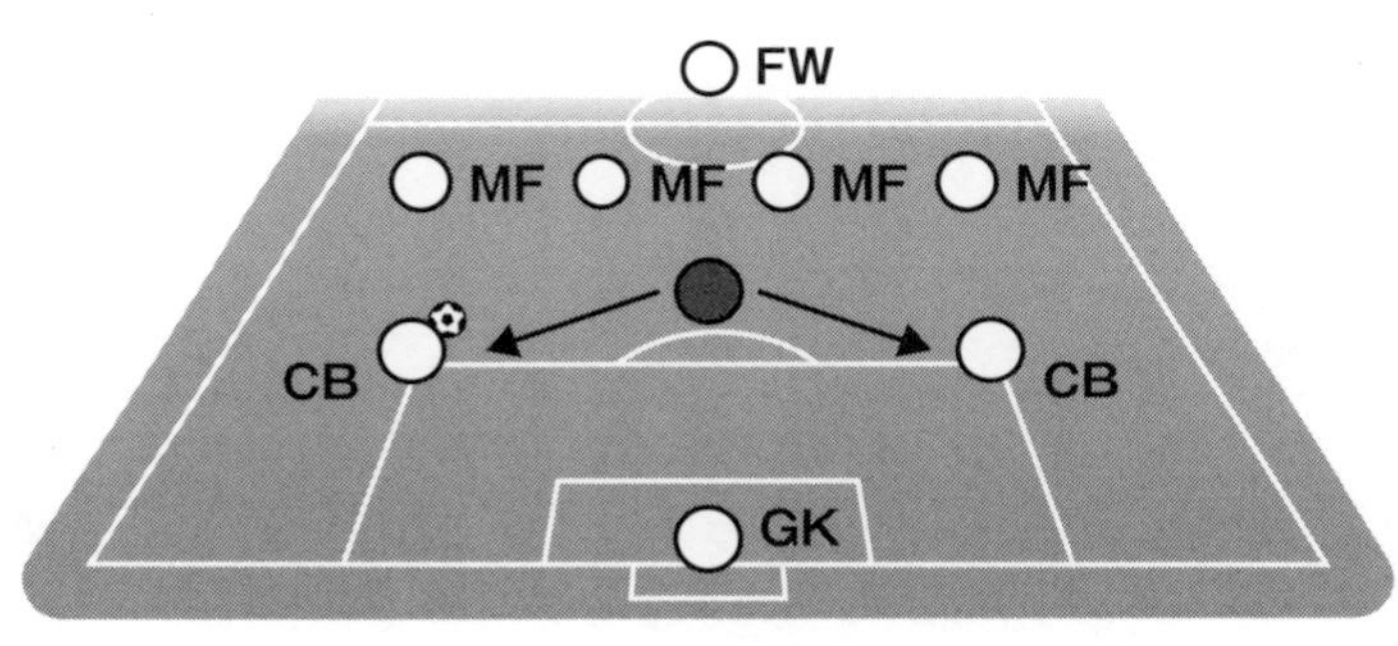

1人でプレスをかけるイメージ図

夫が必要になります。そのままのシステムのかみ合わせだと、私の子供のチームは、1トップの選手が左右に開いたディフェンダーを1人で見る必要が出てきます。つまり、数的不利の状況です。そのため簡単にかわされてしまいますし、1人で相手をチェイシングしてもただ体力を消耗するだけの無駄走りになります。

「普通のサッカー」であれば、こうした場合は「守備時には中盤の左ウイングの選手が前に出て右のディフェンダーにプレスしろ」といった具体的指示を監督が出し、システムのかみ合わせを修正していきます。そうやって数的不利の局面を解消すれば、相手が用意してきたビルドアップの形を無効化できるからです。

では、実際の試合ではどうだったかというと、監督は「ハイプレスに行け!」という指示を出すのみ。「誰が、どこに、どうやってプレスする」といった設定の指示はゼロでした。そのため息子のチームのFWの選手は1人でボールを追いかけては、相手にかわされ続けました。そして中盤の選手は「何となく」のタイミングでプレスをはじめるので、相手に自由に前にボールを運ばれて、自陣のゴール前でも数的不利となる展開の連続です。

そうやって同じような形で3回、4回とプレスをはがされても、監督は何も指示をせず、親たちも「行け行け！」「頑張れ！」といった声援を送るのみです。結果、試合には完敗しました。

パパコーチが指導をしている少年団では、こうした光景（現象）が日常茶飯事です。プレーする子供たちにもサッカーの面白さを体感してもらうためにも、こうした状況は改善すべきでしょう。

ドリブル塾の流行から感じる、日本のサッカー観の問題点

先にも触れたように、YouTubeやSNSでは「ドリブル塾」などと呼ばれるレッスン系の動画がよく拡散されています。SNS映えするようなテクニカルなボールの扱いを学べるため、子供や親御さんでも見ている人は多いと思います。

私の子供と同じ少年団に通っている子供にも、そうしたレッスンを自主的に受けている人も一定数います。「これを自主練で1日10分やってみろよ」と面白がって教えるコーチもいます。そうやって教材として伝えやすいのは、テクニック系動画の大きな魅力です。

そうしたメリットがある一方で、私は**「個別レッスンで足元の技術を学んだからといって、サッ**

カーが上手い選手になるとは限らない」と思っています。

テクニック系動画の反復練習を行えば、たしかにボールの扱いは上手になるでしょう。ただ、それを試合で効果的に使えるかは、また別の話になります。

フェイントなどのテクニックは、身につけるのが大事なのではなく、「いつ・どう使うか」が大事です。言ってしまうと、ドリブル塾で教えられるようなフェイントは、アタッキングサードで勝負するウイングの選手が使うようなものばかりです。そのため前線のポジションの子供が身につけて、必要な場面で使うには意味がありますが、自陣深くの場所でやったらスペインだと怒られます。実際、**スペインやブラジルのような、足元の技術が高い選手が多い国には、日本のようなドリブル塾は絶対にありません。**

日本では何かと練習させられるリフティングにも同じようなことが言えます。

いまでも私の子供の少年団ではリフティング大会が半年に1回くらいのペースで行われていて、冗談ではありますが「○回はできないと試合に出さないぞ」とコーチに脅されています。しかし、1000回リフティングができる子供が試合で活躍できるとは限りません。

私としては、ドリブル塾に通ったり、テクニック系のレッスン動画見るよりも、一緒にプロの試合をハイライトでもいいから見て、「このシュートは凄いね」と楽しく語り合うほうが、結果的にサッカーの理解が深まると考えています。

「とりあえず逆足も練習」は「とりあえず資格を取る」と同じ

日本では向上心がある子が自主練で技術を磨ける一方で、**練習の内容を間違えれば自主練は極めて無意味なもの**になります。たとえば日本の指導者は、右利きの子に「左足もしっかり蹴れた方がいいから、左足の練習をしろよ」とよく言います。同じことをスペインの子に言ったら、「何でそんなことしなきゃいけないの?」と言われるでしょう。

スペインの子供たちは「練習は試合で効果的なプレーをするために行うもの」と深く理解しているので、ただ「逆足も使えたほうがいいから練習しろ」と言われても練習する意義が見いだせません。

そして逆足の練習をさせる場合も、スペインの指導者は「このあいだの試合のライン際でボールを奪われたとき、もし左足で素早くパスを出せたら、相手のプレスを回避できたよな。あのときのシチュエーションを想定して、左足の練習をしてみようか?」といったように、より具体的な声のかけ方をするでしょう。このように言われたら、子供も練習をする気になるはずです。

人は自分の失敗や未熟さを自覚し、「もっと上手くできるようになりたい」と思うようになってはじめて、自主的に練習をします。そのサイクルを繰り返すことで、人は成長していきます。

日本の「とりあえず逆足を練習しておけ」という指導法は、「とりあえず資格を取っておけ」という社会人へのアドバイスと似ています。**どこで・何のために使うのか自分で理解していないのに、何となくスキルだけ身につけるのでは、時間の無駄になってしまうことが多い**です。そのため指導者は実際の試合で効果的なプレーにつながる練習を指示すべきです。「この練習は試合のどのような場面で、どのように役に立つのか」を子供に伝えてあげることも大切になります。

日本の子供は技術が高いが「認知」「分析」「決定」の能力に弱点あり

日本には日本の良さがある点も忘れてはいけません。日本には自主練の文化があり、そこでボールを扱う技術を高められるのは日本ならではの特徴です。

先に登場したサッカー指導者のオタエギさんは、「日本では1人の子供に1つずつボールを与えて、リフティングやドリブルの練習をすることも多いので、スペインの子供と比べてもボールを扱う技術は高いし、ボールを持ったときの俊敏性も高い」と話していました。つまり、**日本の子供の技術にはスペインの子供を上回る部分もあり、この点は間違いなく日本サッカーの武器になっている**と言えます。

サッカーの自主練をする場所があるのも日本の魅力です。自由にボールを蹴れる公園などもスペインと比べると断然多いので、技術を向上させたい子供がコツコツ練習して、能力を高められるのは日本の良さだと感じます。そして日本の小学生を指導する少年団のコーチは「上手くなりたかったら自主練をもっとやれ」といった言葉を子供たちにかけることが多いです。

しかし、スペインと比較して倍以上の練習をさせている状況を考えると、**「それだけ練習時間があるのに、さらに自主練をさせないとサッカーが上手くならない環境がおかしい」**というのが私の意見です。長すぎる練習時間を見直すことが必要ですし、「サッカーに費やす時間を長くすれば長くするほどサッカーが上手くなる」という発想も変えていくべきでしょう。

また、敵もいない状況、ゴールのない状況で、ただボールを止める、蹴る技術を高める自主練や反復練習には、「認知」「分析」の要素が入ってこない点を理解すべきです。

サッカーの試合では必ず敵（相手チームの選手）やパスを出せる味方がさまざまな場所にいる中で、選手たちはゴールに向かってボールを前進させます。そうした状況下で「敵はどのあたりまで寄せてきているか」「パスを出せる味方はどこにいるのか」といった認知を行い、「ボールをトラップするか、ダイレクトでパスを出すか」「どの向きにトラップするか」という決断をして、最終的にプレーをするのです。

そうした点を踏まえると、**試合を想定せずに、ただボールを扱う技術を磨く練習ばかりをすることは、あまり意味のないもの**だと分かるでしょう。

たとえば「足元でピタッとボールをトラップする練習」を繰り返せば、トラップの技術は確実に磨かれます。ただし試合のあらゆる場面でそのようなトラップをする必要はありません。

スペインでは、ゴール方向に身体を向けながら上手くボールを受けることを「コントロール・オリエンタード（Control Orientado 方向づけされたコントロール）と言います。日本では「ボールを足元にピタっと止めるトラップ」が上手なトラップだと言われがちですが、スペインでは次のプレーに素早く移行できるような方向性を持ったトラップこそが、上手なトラップと言われるのです。

この「上手さ」の定義の違いは、スペインと日本のサッカー観の違いを物語るものといえるでしょう。

オタエギさんも、日本の練習を見て、次のようなことを言っていました。

「日本の子供たちは、インサイドでボールを受けて、足元にトラップするプレーが多くて驚きました。大事なのは『プレーの方向を考えてコントロールすること』です。敵が左にいるなら右に向けてコントロールすべきですが、日本の練習ではそうしたことはあまり考えられていませんでした。同じようにドリブルも『どこに運ぶのか』が大切で、相手のいない方向にならば自由にボールを運べます。しかし日本では『敵のいる方に向かってドリブルすること』をコーチが褒めているのを何度も見ました。コントロールの良さも、ドリブルの良さも、その状況によって『いい方向』が変わってくるため、それを切り離して判断すべきではありません」

これは非常に納得できる話でしょう。こうした理解が根底にあるため、**スペインの指導者は、ボールを扱う技術の指導もしますが、それ以上に状況の認知・判断についての指導を熱心に行うのです。**さらに、「8～10歳くらいまではスペインの子供より日本の子供のほうがレベルが高いけれども、12～14歳ごろにはスペインの子供たちの能力が大きく伸びはじめ、逆に日本の子供たちの成長が停滞しはじめます」とオタエギさんは話しています。

ただし、だからといってスペイン流の認知・判断の能力を高める練習ばかり行えばいいわけではありません。レアル・ソシエダの下部組織でも、ボールの扱いの基礎技術を磨く練習が不足し、試合で技術的なミスが頻発していた時期があったそうです。そんな中、日本からスペイン遠征に来た柏レイソル・アカデミーの基礎技術の高さに、レアル・ソシエダのスタッフは感銘を受けました。そこで、レアル・ソシエダのアカデミー関係者はわざわざ日本まで来て柏レイソル・アカデミーのトレーニングを視察し、基礎技術を磨く練習を導入したという話もあります。そのため「スペイン流の練習が素晴らしい」という単純な話ではなく、認知・分析・決定・実行の全てのプロセスを磨く練習をバランスよく行うことが大切です。

「長く練習するほど上手くなる」という考え方を疑う

日本の育成年代では「練習の長さ」にも問題は大きいと感じます。小学校低学年の場合は、土日の練習が中心のため、活動時間は週に1日や2日のことが多いでしょう。ただ、高学年になると平日に練習するチームも増えてきます。先に書いたように、少年団やクラブチームと並行して、サッカースクールやドリブル塾に子供を通わせて、スペインの子供の倍以上の時間の練習をさせている親もいます。

小学生年代の子供が週末に行う試合も、スペインと比べると時間が遥かに長いです。日本では15分ゲームを8本やって、主力の子は半分の4本に出場したりすることもあります。

中学校や高校の部活となると、平日の週5日を練習に費やすのは当たり前となり、午後の練習時間は2時間や3時間という長さが普通です。おまけに朝練や夜遅くまで自主練をする子供もいます。土日も試合や練習が詰め込まれ、ほぼ365日サッカー漬けの子供もいるでしょう。

日本の育成年代は練習時間が長いぶん、インテンシティ（強度）を高く維持し続けるのは不可能です。サッカーの試合の長さは大人の場合は90分ですが、育成年代では試合時間も短くなるため、練習時間も短くあるべきというのが自然な考え方でしょう。それにも関わらず、小学生の少年団でも、土日の練習は2時間以上あることが普通です。

さらに日本のチームは人数が制限されておらず、1人の指導者が沢山の子供を見なければいけない場合も多いため、練習時間は長くても「何となくダラダラやっている時間」が多くあります。**「量をこなすこと」を美徳とする文化がある一方で、「練習の質」については、あまり考えられていない**と感じます。子供を預ける親も練習の質などは考えず、「何時間か家からいなくなって、そこでサッカーをして帰ってきてもらえるだけで安心」くらいにしか考えていない人も一定数いるでしょう。もう少し時間ではなく質に目を向けたほうが、練習の効率は上昇するはずです。

長すぎる練習は怪我も誘発してしまう

日本の育成年代の子供たちは、とにかく練習をしすぎているので、怪我もよくします。小学校年代のレベルの高いクラブチームの子供には、ジョーンズ骨折（第五中足骨疲労骨折）をする子供もいます。プロや高校・大学の強豪校ならあり得る怪我ですが、小学生がこの怪我をすることは世界的にも珍しいことです。

スペインでも最近、ガビが前十字靭帯断裂したことで、「小学生年代から練習の負荷を考えないと前十字靭帯を切ってしまう子供が出てくる」という論争が起こりました。サッカーをする時間が長くなり、**プロデビューが早い選手も増えてきたことで、今までは低年齢で起きなかったような怪我が世界的に増えているの**です。スペイン以上に練習しすぎの日本こそ、こうした問題に真剣に取り組むべきでしょう。

日本の場合は、小さな痛みや怪我を隠してプレーする子供も多いです。「監督に打ち明けるとスタメンの座を奪われる」という恐れがそうさせるのでしょう。指導者にもスポーツの怪我の知識がない人も多く、今でも昭和的なやり方で限界を超えるような走り込みなどを子供にさせているケースも目立ちます。

また**無駄な走り込みやハードな練習ばかり行うことは、「サッカー＝体力がないとできない若い人向けのスポーツ」という印象も広めてしまいます。**こうした現状は中高年のサッカー人口を減らしている面もあるので、日本サッカー界全体のことを考えても、練習の量や質については改善が必要です。

日本は「休むこと」への意識も高めていくべき

練習のやりすぎ＝オーバーワークは、怪我のリスクを高めるだけでなく、身体の発育にも悪影響を与える可能性があります。サッカーが上手い子には小さくて線も細い子が多いですが、そこにはサッカーのやりすぎと睡眠不足も関係しているはずです。**身体を十分に休められていないため、身体を大きくする期間がないのでしょう。**

一方のスペインの子供たちは、練習時間は日本より明らかに短いですし、先述のように夏場はサッカーを休んでバケーションに入ります。そしてヨーロッパのバケーションの習慣は、身体を大きくするうえでも役に立っています。

日本人は「とにかく練習を沢山やって上手くなろう」と考えがちですが、スペインの育成を見ると**「サッカーをやりすぎないほうが、身体も強くなるし、結果的に良いプレイヤーになる」**と感じます。少なくとも、スペインのほうが精神的にも肉体的にもリフレッシュする期間が十分設けられているのは間違いありません。

日本の子供たちはサッカー以外でも「スポーツの練習をしすぎ」「遅くまで勉強をして睡眠時間が短すぎ」という子供が多いですから、発育発達にはマイナスです。

もちろん日本にも、子供たちの睡眠や休息を大事にする指導者はいます。たとえば、植田直通や谷口彰悟ら優れたセンターバックを輩出した熊本の大津高校の平岡和徳先生です。平岡先生は「無理に練習をさせるよりも身体を休ませたほうが選手たちの身体もよく発育する」と考えて、選手たちが寝る時間や休む時間をしっかり確保してきました。大津高校から優れたセンターバックが次々と出てきたのは、その辺の休養の管理も関係していると思います。

「ミスを責める減点方式の指導」は積極性を損なう

日本では「パスばかり回るけどシュートを打たない、ゴールが入らない」というチームが批判を浴びることが多いです。育成年代でも、積極的にシュートを打てない子、積極的な仕掛けをできない子は多いです。

その背景には、「ミスした人を責める減点方式の文化」が関係しているケースもあるでしょう。**サッカーにはミスは付き物ですが、そのミスが「認知」「分析」「決定」「実行」のどこのミスなのかを指導者が見極めることが、まず大切です。**そのうえで具体的なアドバイスをできれば、選手の能力は伸びていくでしょう。そうした要素を度外視して、ただミスした子だけを責める指導者のもとでは、子供たちは安全なパスを選ぶようになっていきます。

スペインでは選手のミスが責められることよりも、「なぜ今の場面でチャレンジしなかったのか」といった指摘を指導者が行うことが多いです。第1部で書いたように、観客や保護者も同じような反応を示します。つまり、「ミスをしてもいいからチャレンジしろ」というメッセージを大人が子供たちに送っているのです。

2-2

育成システム

――リーグ戦やカテゴリーの整理で多くの問題は解決できる

育成環境の問題の多くは「リーグ戦の未整備」に起因する

日本の育成環境の問題の多くは、「年間を通じたリーグ戦がないこと」に起因していると感じます。日本も徐々に育成年代のリーグ戦は増えてきていますが、今もトーナメントを含めて様々な大会が乱立している状況です。たとえば私の住む自治体の小学生年代では「市大会」と「区大会」が春と秋に開催されますが、どちらもリーグ戦があるのは予選のみ。勝ち抜けたらトーナメントの形になります。

そして区大会は勝ち上がっても上位の大会に繋がるわけでもないため、ベストメンバーを出さないクラブもあり、大会の存在意義自体が曖昧です。また市大会には「試合会場を提供した幹事クラブは1チームではなく2チーム出場できる」という独自ルールもあったりしますが、本来は登録選手の人数に合わせて出場チーム数が調整されるべきです。

そうした大会のない時期は練習試合を組むことになりますが、後述するようにマッチメイクが非常に大変です。急に試合が組まれることもあるため、子供も大人も週末の予定が立てづらいというデメリットがあります。

小学生年代の全国大会「JFA 全日本U-12サッカー選手権大会」は、グループステージから始まり最後はトーナメントになりますが、**「トーナメント形式の全国大会は本当に必要なのか？」を改めて考えるべき**です。

高校サッカー選手権については、日本独特の盛り上がりがある文化です。華やかな全国大会を残すことに意義を見出す意見には、私も一定の理解を示せます。しかし一方で、中学生や小学生の大会はどうでしょうか？特に小学生年代は早生まれの子が有利な部分も大きく、身体の成長の違いがプレーに大きく影響します。また現在の「JFA 全日本U-12サッカー選手権大会」は鹿児島県で大会が行われていますが、そこまで小学生の子供たちを連れて行って、チームによってはほとんど出場しない子供がいるのは大きな損失です。

そうした大会を行うのであれば、**「スペインのように各年代で年間を通じたリーグ戦を開催したほうが、みんな幸せになれるのではないか」**というのが私の結論です。

ここからは、リーグではなくトーナメントが主体なことで、どのようなデメリットがあるのかを具体的に書いていきます。

優れた選手が点在し、才能が埋もれてしまいやすい

まず「才能が埋もれてしまう」という問題があります。先に紹介したスペインの場合は、各州で年間を通じたリーグ戦が整備されており、優秀な選手を各年代の一部リーグのプロクラブに集めることで、優秀な選手を見つけやすい状況がありました。

日本はどうでしょうか。小学校年代については、地域の小学校をベースにした少年団もあれば、もう少し広域から優秀な選手を集める強いサッカークラブもあり、もちろんJクラブの下部組織もあります。そうしたチームが一堂に会する階層化されたリーグ戦がないため、**才能のある選手が様々な場所に散らばっている状況**です。

それは中学でも高校でも一緒です。「学校の部活」と「クラブチーム」がどちらも優秀な選手を集めています。18歳～22歳の年代においても、プロでプレーしている選手もいれば、大学でプレーしている選手もいます。

高校生の年代については「高円宮杯　JFA　U-18サッカーリーグ」という階層化されたリーグ戦が整備されていますが、やはり全国高等学校サッカー選手権というトーナメント大会が一番の花形です。そしてクラブチーム側と高校側で別々の大会が乱立している状況もあります。

このような状況では、才能のある選手は色々なチームに散らばってしまいます。そして、トーナメントを勝ち抜けない弱小チームでプレーしていることで、その才能が埋もれてしまう選手も多くなるでしょう。

また才能を発掘しようとする側も、それを見つけるのが困難な状況があります。実際、U-15／U-16／U-17日本代表の監督として、全国的には全く無名だった鈴木武蔵を〝発掘〟した吉武博文監督は、日本全国を毎週のように飛び回り、才能の原石を探し続けていたそうです。そこで実際に鈴木武蔵を引き上げたのは見事ですが、育成システムが整備されていないからこそ、そうした苦労が生まれたと言えます。

日本のクラブチームがセレクションを行うのも、やはり階層化されたリーグ戦がないからこそでしょう。そのため土日の2日間のテストだけで選手を見極めなければいけない状況があります。そして、その短期間で選手の才能を見極めるのは非常に難しいことです。

「子供の未来を見据えた成長」を優先できる育成システムに

日本ではプロクラブの下部組織などに所属する一部の選手を除き、小学校・中学校・高校と、通う学校が変わるタイミングでプレーするチームも変わります。そして指導方針もその都度大きく変わります。

何より問題なのは、小学生のチームは「小学生の大会で優勝すること」が一番の目標になり、中学生のチームも「中学生の大会で優勝すること」が一番の目標になっていることです。おまけに公式戦はリーグではなくトーナメントが主体ですから、日本では将来を見据えた育成よりも、「その年代で一発勝負のトーナメントで勝つためのサッカー」が追求されやすい環境があります。

たとえば小学生のカテゴリーでは「8人制で勝つためのサッカーのスタイル」が研究され尽くしていると感じます。小学生年代の全国大会「JFA 全日本U-12サッカー選手権大会」の結果を見てみると分かりますが、Jクラブの下部組織はあまり優勝できていません。この年代で勝つためのサッカーを突き詰めて、その年齢の時点で優秀な選手を集めたクラブが勝っているのです。

小学生年代のサッカーで、とにかく勝つことだけを目指すなら、「体の強い子」「足の速い子」など、身体能力の高い子供を寄せ集めることは近道の一つです。それだけで攻撃・守備のどちらでも競り勝てる場面は増えますし、すぐに前に蹴り出すサッカーをしていても勝てる確率が高くなるからです。実際、私の子供がプレーしている地域でも、そうしたサッカーで勝利を重ねているチームはいくつもあります。

また高校サッカーで問題視する人も多い「ロングスローの多用」は、小学生年代の強豪チームでもよく見られるものです。この年代では体格や体力の個人差が激しいため、身体能力に優れた選手を集めてロングスローを多用すれば、勝てる確率が格段に上がるからです。

「勝つために使えるものは使う」というのは一つの立派な戦略ですが、そうやって試合に勝つことが選手の成長につながるかというと、育成年代においては一概にはつながりません。小学校年代では勝つことができても、次第にそれでは通用しない相手が増えていくからです。そのため私は小学生年代でのロングスローの多用には反対です。

そうした「勝つためのサッカー」を展開している小学生年代の強豪クラブがプロ選手を量産しているかというと、決してそんなことはありません。そしてサッカーの本質も教えられていないと私は感じます。

もちろん小学生の年代で日本一になるのは素晴らしい体験です。しかし、その年代での勝ち負けばかりに執着してしまうと、その後の成長につながるような指導ができなくなります。それは、

指導者個人の問題というより、スペインのような「優れた選手を育成した指導者が評価されるシ

ステム」が日本にないことが大きいでしょう。

また「小学校年代のチームしかないクラブ」は、その年代での優勝が最終目標になりがちなので、そうした戦略をとるチームが出てきてしまうのは仕方がない気もします。学校教育にあわせた6・3・3・4の縛りのなかで育成年代を区切るシステムを変えていけば、こうした問題も解消に向かっていくのではないでしょうか。

「育成年代で勝つためのサッカー」は人間形成も阻害する

身体能力に物を言わせて戦う小学校年代の強豪クラブは、対戦相手がどこでも同じサッカーをします。「相手に応じてゲームプランを組み立てる」というのはサッカーの面白さであり醍醐味の一つにもかかわらず、その視点が抜け落ちている点は非常に勿体ないことです。

どんな対戦相手でも同じサッカーをしてしまうチームが多いことにも、リーグ戦の文化が根付いていないことが大いに関係しています。トーナメントが主体の日本の育成年代では、同じチームと何度も対戦することが少なく、「実際に試合が始まるまで相手がどんなサッカーをするか分からない」ということが多いです。そのため相手に合わせてゲームプランを準備することが困難となります。そして試合開始後も、「相手はこういうシステムでこんなサッカーをしているから、自分たちはこうやって攻めよう／守ろう」といった方向づけをできる指導者はほとんどいません。**そうした環境では、子供たちは必死に走って必死にゴールを目指していても、試合を通して学ぶことが少なくなってしまいます。**毎週のように練習や試合を繰り返し、身体の成長や技術の向上によって出来ることは増えていくけど、サッカー脳は成長しない…という状況は、やはり改善していくべきでしょう。

小学生のうちは「勝つこと」より「楽しむことを」を大切に

身体的な発達が早かったり、サッカーを始めた時期が早かったりして、小学生の低学年の頃から1人で局面を打開できる子供はチームの王様になれます。指導者から特別扱いされたり、保護者からも注目を集める存在になるでしょう。

ただ、年齢が上がると王様的な立場にいた子は次第に消えていき、適応力に秀でた子供が伸びてくることが多いです。**サッカーにおいても、成長の過程で下剋上が普通に起こり得るということです。**

たとえば私の子供の地域には、多くのJリーガーを輩出している強豪クラブがあり、私の長男が小学1年生で対戦したときは0-15くらいでボコボコに負けました。しかし、小学校4年生で再び対戦したときには0-2くらいまで差は縮まっていました。

その強豪クラブに通う子は、幼稚園の頃から親が熱心でスクールに通わせていたようなエリートばかり。早い段階でいろんなものを詰め込まれているので、小学1年生の頃などは特に強いです。しかし、そうした差は、成長とともに縮まっていきます。

この例からも分かるように、**サッカーにおいて先行者利益はさほど大きくない**と私は感じています。そのため短期間で相手を上回ろうと焦るのではなく、しっかりと腰を据えて、将来を見据えた練習を行うべきですし、親にもじっくり見守るスタンスが求められます。

「将来苦労させないため、他の子供より早く成長させるために、早い時期から塾に通わせる」といった感覚で、子供を複数のスクールやドリブル塾などに通わせる親は増えていますが、そうした人には「ウサギじゃなくてカメでいいんですよ」とまず伝えたいです。

何より大切なのは、早くからサッカーの本質を理解して、サッカーを楽しむことです。これはサッカーに限らず、楽しまずに「やらされている子」は伸びないですから。

指導者や親は、快適にプレーできる環境を用意してあげるのも大事ですが、サッカーを好きになれる環境を作ってあげることも大切です。

飛び級がないと選手が「王様」になりやすい

小学校、中学校、高校、大学と学校の区切りで年齢カテゴリーが分けられている日本では、能力のある子供の「飛び級」にも限界があります。たとえば小学4年生の子が6年生のチームでプレーして大会に出ることは可能ですが、中学生の公式大会に出ることはできません。

そうなると、能力の高い小学生は敵なしの「無双状態」でプレーを続けることになります。特に成長が早く、体格やスピードに秀でた子は、その身体能力だけで「王様」のような存在になることもあります。

そうした子供が、中学校に入るとどうなるか。1学年や2学年上の体格の立派な選手が急に登場し、同学年の選手たちの成長も追いつくと、身体能力の優位性が一気に消えてしまいます。そして、いきなり大きな挫折を味わうことが多いです。そこで「サッカーをやっていてもつまらないな」と感じてフェードアウトしてしまう子も多くいます。

2年区切りで年齢のカテゴリーが変わり、上への飛び級はいくらでも可能なスペインでは、これは起こりにくい問題です。そして日本の育成年代の上手い選手は、フィジカルコンタクトを避ける傾向が強く、「相手が近寄ってくる前にワンタッチで剥がす」といったプレー選択が目立ちます。これも、飛び級でのプレーができないからこそ生まれる傾向でしょう。

サッカーはフィジカルコンタクトを避けられないスポーツです。世界のトップリーグではそこから逃げているだけではまともなプレーはできません。だからこそ、**育成年代の早い段階からフィジカルに勝る相手と戦い、そのなかで技術を磨くことが大切**です。

スペインでは飛び級の仕組みによって、そうした環境が用意されています。指導者も、ただ当たりから逃げるようなプレーは推奨せず、「激しいサッカーのなかできちんと判断をしてプレーすること」を求めているのが練習や試合を見ていると分かります。

日本の小学生年代で無双している子供には、日本サッカー界を担う存在となる可能性を秘めた選手も多いです。天狗にならないようにするにも、指導者の声がけだけでは限界があるので、**その子の能力にあったチームでプレーする環境や、その子に合ったハードルを用意してあげるなどの「仕組み」を作るべき**です。

ちなみにJクラブの下部組織は、ジュニア（小学生年代）、ジュニアユース（中学生年代）、ユース（高校生年代）というカテゴリー分けは学校教育と一緒ですが、ジュニアユースの選手がユースで練習することも可能です。高校に通う選手がプロの試合に出場することも可能ですし、久保建英のように15歳5カ月でデビューしてしまう選手もいます。小学生の頃から一貫した指導が行える点も含めて、Ｊクラブの練習の環境はスペインに近いといえるでしょう。

プロクラブの下部組織に「入れただけで満足してしまう」システム

これは「日本人が名門大学に入学できた時点で満足してしまう」という話と同じですが、日本の育成年代には「セレクションを通過して強いクラブに入った段階で満足してしまう子や選手、保護者」が少なくないと感じます。

日本は学校の入試も一発勝負の試験で決まります。就職も採用試験で決まります。サッカーの育成年代でセレクションの文化が根強いのは、お受験のような一発勝負のイベントが好きなのも理由の一つかもしれません。

ただ、お受験のようなシステムは「入れた時点で満足してしまう人」を生みがちです。**サッカーのチームも、大学も企業も、本来は「入ってからがスタート」にも関わらず、そのことを忘れてしまう**のです。

スペインでは、強豪クラブの育成組織に入れただけで満足する子供はいません。どんどん新しい選手が入ってくるし、選手はふるいにかけられて、実力がない選手はチームに残れなくなるからです。

またスペインでは、強豪クラブの下部組織から弾き出されても、下のカテゴリーの別のクラブに移籍すればサッカーは続けられるので、そこからの巻き返しは可能です。

一方の日本では、良い才能を持っているのに「Jクラブのセレクションに通らなかったからサッカーは諦める」という子供もいます。一発勝負のお受験文化では、受かった時点で満足してしまう人を生むだけでなく、落ちただけで全てを諦めてしまう人も生んでしまうのです。

人材の流動性が低いこともあり、特に日本人は「下のカテゴリーに移ること」で強く落ち込む人が多い印象です。私の子供がいる小学生の少年団でも、AチームからBチームに移ることになった子供は非常に落ち込んでいますし、親も落胆しています。AチームでもBチームでも安定したリーグ戦がある環境を日本でも整備できれば、子供たちは「またBで頑張ってAを目指せば良い」と思えるようになるでしょう。

Jクラブが行うセレクションの問題点

私の次男が小学1年生のとき、現場の視察を兼ねて、某Jクラブのセレクションを受けてもらったことがあります。そこで見た光景は衝撃的なものでした。集まったのは160人程度。夕方から2時間ほどの時間をかけてセレクションが行われました。

セレクションの最初のメニューは、10人程度のグループ別に行う30m走でした。基本的に走るのは1回だけ。各グループの1位の子だけは選抜されてもう1回走っていました。おそらく身体能力の高い子供をスクリーニングする目的なのでしょう。

その後はひたすらゲームをさせる形でしたが、自分のテクニックを見せつけようとドリブル突破を試みる子供ばかりでした。パスはほとんど回らず、みんなが独りよがりのプレーを続けていました。この本で書いてきたような、スペイン的な**「サッカーの上手さ」はまったく判定できないセレクションだった**のです。

ただ、セレクションを開催したクラブは「合格者はゼロの可能性もある」と事前に告知しています。クラブ側としては、将来有望な子供が1人も見つからなくても、特に困ることはないのでしょう。

この2時間のセレクションの参加費用は5000円でした。このクラブは、子供のサッカーに熱心な親なら、みんなが憧れる強豪クラブです。誰でも自由に受けられるセレクションなら、受けさせる親は多いでしょう。クラブ側はちょっとしたお金を稼ぐ「ビジネス」として、こうしたセレクションを行っている面もあるのかもしれません。

Ｊクラブの下部組織が、このようなセレクションを行っているのは大きな問題だと私は思います。走力テストと「ドリブル突破を披露するゲーム」で合格者が選抜されるのであれば、「身体能力が高い子じゃないと受からないんだな」と親は思うでしょう。実際、セレクションの合格を目指して子供をドリブル塾に通わせる親はいますし、セレクション対策となる「走り方トレーニング」や「フィジカル強化」を売りにしたスクールも近年人気を呼んでいます。

日本サッカーの育成をリードするクラブなら、サッカーの本質を理解している子供を選抜するセレクションを行うべきです。また、「年が上がると自分勝手なドリブルだけでは通用しなくなるから、今から認知力や判断力を磨きましょう」というメッセージも発してもらいたいところです。

なお、このクラブを含めたＪクラブの下部組織は、表向きは門戸を開いてセレクションを行っているものの、実際はセレクションで選手を取らないところがほとんどです。本当に有望な選手については、やはりスカウトを派遣して視察をしていますし、自分たちから声をかけて練習参加をさせています。子供がサッカーをしている親たちは、まずこのようなセレクションの実態を知ってほしいと思います。

サッカーは試合に出てこそ上手くなる

私が指導していたスペインのクラブでは、チームの登録人数に上限があり、「試合時間の40％は最低でも出場させる」というルールもあったという話は先に書きましたが、日本のクラブや学校の部活にはそうした数値目標がない場合が多いでしょう。

そのため「サッカーをしているけど満足に試合に出られない」という子供が沢山います。高校サッカーにそうした子供が多いことは皆さんご存知でしょうが、小学生の年代にも同じような問題はあります。

日本の育成年代では地域に根づいた少年団と呼ばれるクラブでも、より広域から選手を集める強豪チームでも、何十人と所属選手がいて、AチームBチームとチーム分けをしているケースは多いです。この点まではスペインと一緒ですが、日本の場合は**実質的にはAチームの選手以外はプレー機会を満足に得られないケースが多かったりします。**

AチームとBチームに編成していても、両者間の移動が難しく、サッカーのスタイルが完全にバラバラというケースもあります。公式戦はAチームしか出られなくて、Bチームは担当する指導者が熱心ではなく練習試合も組めないといったケースもあるでしょう。スペインではチームを分割した場合も、両方のチームにしっかり指導者が付いてリーグ戦を戦っていけますが、日本の育成クラブは選手の育成よりも「Aチームで結果を出すこと（大会に優勝すること）」を一番の目標にしがちのため、Bチームは「控えチーム」的な扱いになりがちです。

そうした状況のため、小学校高学年の子供に対して「もうBチームになっちゃったし、試合にも出られないから、サッカーを辞めて塾に本腰を入れようか」みたいに言う親もいます。また子供自身のモチベーションが落ちて、自ら辞めてしまうこともあります。こういう状況を改善するためにも、**子供たちのプレー時間の確保は優先すべき事項の一つ**といえます。

Jクラブの下部組織は「倒すべき敵」となっている

スペインの階層化されたリーグ戦では、優れた能力を持った選手は地域のプロクラブに集まる仕組みがありました。地域のプロクラブに選手が移籍することは、引き抜かれたクラブ側にとっても「誇らしいこと」と認識されています。

一方の日本の育成年代では、そうした仕組みも認識もありません。小学生年代でも、街のクラブは地域のJクラブの下部組織を「倒すべき敵」だと考えています。そして実際に勝ってしまうことも多々あります。

にもかかわらず、Ｊクラブの下部組織には入りたい子供が多いので、選手は引き抜かれることがあります。そして「選手を取った取られた」の騒ぎが起こってしまうのです。

日本の育成年代では「選手を一つのクラブに縛ろうとする力」がものすごく強いのです。小学生年代でも強豪のサッカークラブになると「Ｊクラブの下部組織のセレクションは受けない」という誓約を一筆書かせたりします。

これを「選手を奪われたくない街クラブのエゴ」と言い切ることはできません。移籍の自由度が低く、選手の才能を地域全体で伸ばせないシステム全体にこそ問題があると私は感じます。そのため日本サッカー協会などが主導して育成システムとルールを整備統一し、選手を無理に縛り付けるローカルルールを撤廃していく必要があるでしょう。

移籍できない選手は「囚われの身」となる

日本の場合、スペインと違って「指導者や環境が合わないから別のクラブに移る（移籍する）」という選択は小学生年代でも簡単には取れません。中学や高校の部活の場合は、学校とサッカーの環境が一体化しているため、別の環境でプレーすることはより困難になるでしょう。ジュニアユース（中学生年代）やユース（高校生年代）のクラブは数がまだ十分ではないため、**学校のサッ**

カー部に所属することは「囚われの身」になることと同じような状況です。

そうした環境では、チームのあり方に不満を抱えながらも「サッカーとはそういうものだ」と思ってプレーを続ける子も増えてしまいます。監督に嫌われたことが原因で、才能を十分に伸ばせない選手もいるでしょう。「サッカー自体を辞める」という選択をとる選手も出てきます。それは、その子にとって惜しいことであるのはもちろん、サッカー界全体にとっても大きな損失です。そうやってサッカーを辞めてしまう人、やる気がなくなってしまう人を減らすために、移籍の流動性を担保することは大人の仕事です。

非効率で忙しすぎる少年団の運営の改善を

年間を通じたリーグ戦がない環境では、ボランティアに頼る少年団（小学生年代の地域に根づいたチーム）の運営がとにかく忙しくなります。

まず公式の大会がない時期は、各々のクラブが練習試合の相手を探す必要があります。さまざまなクラブに声をかけて、1日だけの大会を開催するケースも多いです。私の息子のクラブも、監督とコーチが常にマッチメイクに奔走していて、「〇月〇日にこんな声がかかりましたが、どうしますか？」という連絡がコーチのグループＬＩＮＥに大量に届いています。

そして試合の日程が早く決まらないと、子供だけでなく保護者も休日の予定を立てづらくなります。急に遠方での試合が決まって、子供の送迎や審判などの当番が回ってくることもあるからです。そのため週末は両親とも子供のサッカーのために空けておくことになります。

息子の少年団も、各学年で3、4人の幹事さんを中心に必死に業務を回しています。突発的に週末の試合が入ると配車の必要が出てくるので、「誰が車出せますか?」「誰の車に誰を乗せられますか?」といったやりとりを毎回行っています。非常に煩雑な業務が頻繁に出てくるのです。

もし年間のリーグ戦があれば、こうした手間は大幅に削減できます。 まず練習試合のマッチメイクは不要になります。中長期的に試合のカレンダーが埋まるので、指導者も子供も親もスケジュールが立てやすくなるでしょう。

実際にスペインだと、育成年代のシーズンはだいたい9月に始まるので、その開幕時期には年間の試合日程がバッチリ出ます。何時スタートという時間までは出ませんが、どの日にどのチームと対戦して、会場はホーム&アウェイのどちらなのかまでは分かるので、ゆとりをもって予定を立てられるのです。

スペインでは週末に試合はあっても土日のどちらかは休みのため、家族の予定もしっかり立てられます。また先述のように練習試合でも地域のサッカー協会から審判が派遣されるので、親が審判の当番をさせられることもありません。

私がスペインの育成システムを見ていて思ったのは、**システムが整備されていると、サッカー関係者は楽ができる**という現実です。実際、スペインのバレンシア州のサッカー協会に行ったときは、人員の少なさに驚きました。私がコーチをしていた街クラブでも、事務作業をしているスタッフは非常に少なかったです。日本も年間のリーグ戦を行う形にすれば、指導者は指導に集中しやすくなるし、関わる人全員が楽になるでしょう。

「リーグ戦をするにはグラウンドが足りない」は誤解

「小学生年代でもリーグ戦を開催すべきだ」という話をすると、「日本にはホーム&アウェイの試合をするグラウンドがない」という意見も出てきます。確かにグラウンドの確保が難しいクラブもあるでしょうが、全てのクラブがそうではありません。

地域に根付いた少年団は、近隣の4、5校の小学校のグラウンドを借りることができる場合もあり、毎週末のかなりの時間を押さえています。野球のグラウンドは小学校とは別の場所に豊富にあるので、小学校の土日のグラウンドはサッカー利用できることが多いからです。

そのため半日や丸一日を借りて、ずっと練習や試合の時間にあてているクラブもあります。スペインのリーグ戦の2倍や3倍も試合数をこなしているクラブもあります。中には確保した時間を持て余しているクラブもあるでしょう。

さらに地域の公園や河川敷のグラウンドなど、サッカーの試合が開催できる場所は日本には沢山あります。**それを各々のクラブが競争して借りているため、確保が難しいクラブが「グラウンドが足りない」と言っているのが現状です。**

そのため各都道府県のサッカー協会に各クラブがグラウンドの確保状況を報告し、協会側が一元管理すれば、**各クラブにグラウンドを割り振ることはそれほど難しいことではありません。**そして間違いなく年間のリーグ戦も開催できるはずです。

IT化を進めれば、保護者・指導者の負担を減らしていける

このように小学生年代のクラブ運営が非常に非効率になっているのは、**IT化への遅れ**も大きな要因です。たとえば今の日本では、小学生の子供がプレーする地域のクラブを探そうにも、クラブの情報が一元管理されているウェブサイトやアプリもありません。ホームページすらないクラブもあります。クラブを探す段階の時点で、インターネットの時代に対応ができていないのです。

そして地域の少年団がホームページすら用意できないのは、コーチたちがマッチメイクなどの日々の雑務で忙しすぎるからです。これは完全に悪循環といえます。

また、今の時代は誰もが練習や試合の動画を撮ることが可能で、チーム内での共有も簡単にできます。そうした映像を有効に活用すれば、練習の質はさらに上がるはずですが、少年団ではその活用は十分に進んでいません。

それは「みんなで映像を見るクラブハウスやロッカールームがない」という問題もありますが、**「指導者が映像を見返す余裕がない」という問題が大きい**のです。日本では一度練習試合をするとなると、1日に7試合や8試合もこなすことはザラにあります。仮に映像を撮ったとしても、必要な場面を見返すだけでも大変なため、映像を撮ったとしても撮りっぱなしで放置されている場合が大半でしょう。そして子供たちは、試合についてのフィードバックを受けることもないので、成長の機会を失ってしまいます。

なお日本サッカー界全体もIT化は遅れていましたが、２０２２年に日本サッカー協会が初の公式アプリ「JFA Passport」をリリースしました。選手証や審判証などもアプリ上で表示が可能になっています。

ただ、育成年代の日本代表でも、数年前まで怪我の履歴を手書きのノートで管理していたそうですし、非常にアナログな状態が続いていたと聞いています。

日本の育成年代の選手が怪我をした場合は、親が病院や整骨院を調べてどこに行くかを判断しなければいけません。**選手登録をさせるのであれば、スペインのように怪我や治療への対応もサ**

ポートできるのが理想です。

2-3 指導者

——優秀な人材を引き上げるシステムと十分な待遇を

指導の技術を磨けないのも、育成システム全体の問題

ここからは育成年代の指導者の問題について書いていきます。小学生を指導する地域の少年団については、先述のように**プロの指導者ではないパパコーチや、地域のサッカー経験者に頼らざるをえないのが現状**です。日本の子供たちが戦術的なサッカーを教われない要因は、この点が非常に大きいです。

年配の指導者が前時代的な指導をしているのは、まだ理解できます。それがその人の時代のやり方だったでしょうし、指導内容を時代にあわせてアップデートするのが難しいのも理解できるからです。

問題なのは、40代や50代のパパコーチで、仕事では立派な経歴を持っている人たちも、年配者と同じような指導をしているケースがみられることです。おそらくその人達は、自分が学生時代に受けてきた指導を、そのまま行っているのでしょう。その気になれば今の時代に求められる指

導法を調べられるはずですし、指導の勉強もできるはずなのに、それをしないで済ませているのです。

ただ、ボランティアのパパコーチは、先述のような煩雑なクラブ運営業務で疲弊しているため、気の毒な部分もあります。それで肝心のチームのことや指導のことを考える時間がなくなってしまい、ぶっつけ本番で練習に望む人がほとんどなのでしょう。**指導者がチームに集中し、子供たちと向き合う時間を作るには、やはりそうした業務を効率化する必要があります。**

日本の上位ライセンスは社会人には取得が難しい

日本の育成年代については、ライセンス制度のあり方にも課題があると感じています。日本には、最上位のライセンスであるS級ライセンスから始まり、A級、B級、C級、D級、キッズリーダーという指導者資格があります。スペインよりもライセンスの段階は多いです。

最上位のS級ライセンスは、スペインのライセンスのように「運転免許のように誰もが取れるもの」ではありません。日本サッカー協会が年間30人程度の枠しか設けておらず、有名な元プロ選手などが受講者の中心になるからです。

そして日本のライセンスの講習は、現場で活躍している指導者ではなく、実績はあるものの指

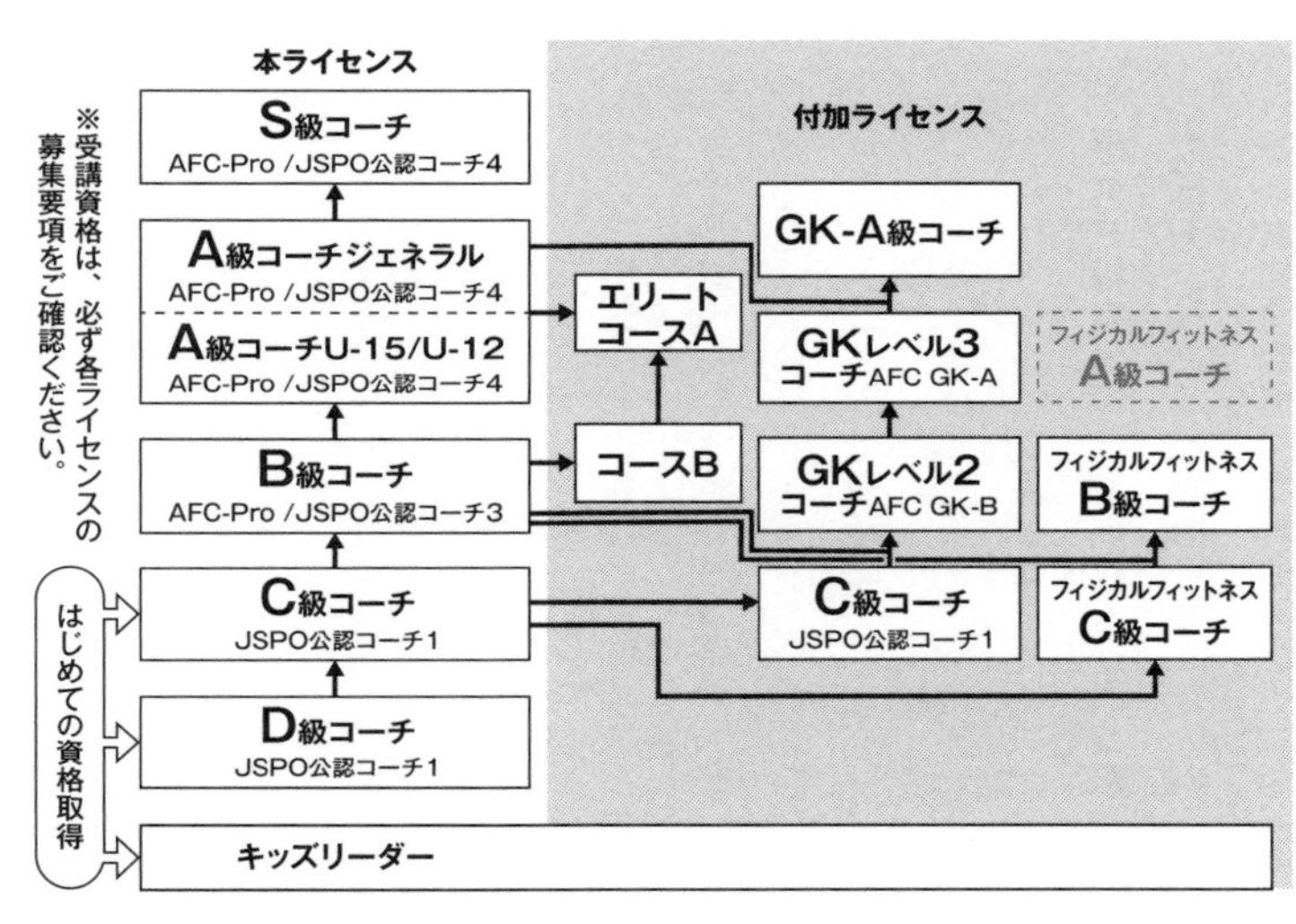

出典：JFA 公式サイト

導の最前線からは離れていた人たちが講義を行っています。この点も、世界のサッカーの潮流から遅れをとる要因です。

また、講習の日程も改善の余地があります。スペインでは平日の夜に通って取得が可能ですが、日本は上位のライセンスになると合宿が多くあります。S級の下のA級でも平日開催の合宿が年に3回も入ってきて、仕事を休まなければいけないので、普通のサラリーマンが取得するのは難しいでしょう。B級の段階でも合宿はありますし、各都道府県サッカー協会の推薦の制度も入ってくるので、元プロ選手などが有利になります。

なおC級ライセンスは土日中心に受講できるコースもあり、D級やキッズリーダーは2日や1日で取得も可能ですが、土日や小学生を教えているパパコーチはほとんどの人がノンライセンスです。今後、日本の育成環境を整備していくには、指導する相手が小学生の場合でもライセンス保有を必須としたり、より上位のライセンスもパパコーチが取得しやすい形に変えていくことが必要ではないでしょうか。

パワハラなどの問題もスポーツダイレクターの導入で解決できる

日本の育成年代では体罰やパワハラが今でも問題になりますが、**それは指導者が権力を持ち過ぎて、指導者をきちんと評価する人、たしなめる人がいないため**です。

現在の日本の少年団であれば、親が練習や試合を見に来ることも多いので、あからさまな体罰等は起こりにくいです。10年ほど前は「ゲンコツ、罰走は当たり前」と公言するような小学校年代のチームがごく普通にありましたが、今は親からの通報やＳＮＳでの拡散なども行われるようになったため、殴る蹴るのような体罰を行うチームはさすがになくなりました。

ただ、ゲンコツ程度ならまだやっているところはあるでしょうし、罰走はごく普通に残っています。そして中学や高校の部活となると、保護者や他の大人の目の届かない閉ざされた空間で練習が行われることも増えます。そのため権力を持った指導者が暴言を吐く、手を出すといった事態が今でも起こっています。

また高校や大学のサッカー部には監督が神格化されすぎて、権力や予算を牛耳っているケースもあり、最近でも強豪校の監督の不正会計問題などが社会問題化しました。監督に全ての権限が与えられるような環境は、ハラスメントを行う人や私腹を肥やす人を生みやすい環境でもあるため、これはシステム上の問題といえるでしょう。

だからこそ、スペインのクラブのスポーツダイレクターのような存在はサッカーの強豪校にこそ必要と言えます。**優れた監督にチームを任せたとしても、その運営を評価し、監視する人は必要です。**

その点で、外部から監督を招いているチームは健全な環境を作りやすいです。監督に指導は一任する一方で、部活の運営に関する事務作業を学校の人間が行う体制だと、監督の言動やチームマネジメントを客観的に評価し、学校に報告することができます。そうした体制だと、監督が長年指導を続けても、権力が集中してハラスメントが起こるような事態は避けやすくなるはずです。

ただ日本には「子供を叩き直すために厳しい指導をしてほしい」と自ら求める親も一定数います。そうした親が考える厳しい指導とは、「サッカーの指導の厳しさ」ではなく、辛さや痛さを我慢するような厳しさでしょう。親の側からそんな指導を求めてしまうのは、なんとも日本的だと感じます。

また指導者と子供のあいだに上下関係があり、子供たちも「大人から言われたことを黙々とやる」という日本的な練習法では、スペインとは選手の育ち方も変わってくるでしょう。私の長男が5歳の頃に通っていたサッカースクールを見たスペイン人の知人は、以下のように話していました。

「ここではフットボールをプレーすることは学べないだろうね。集団行動の仕方、大人（指導者）の言うことを聞くことの大切さを学ぶことはできるかもしれない。でも、フットボールにおいては規律よりも想像力が一番大切。日本では規律を重んじる分、子供たちの想像力を引き出す指導は少ないように見えるよ」

全てをスペインと同じにする必要はありませんが、**海外の事例も参考にしながら、日本の指導者と子供の関係のあり方は見直していく必要がある**のではないでしょうか。

また、日本では指導者と保護者の関係もいびつです。日本の場合は、少年団でも「スタメンの人選について監督に聞いたり意見をしたりしないでください」と最初に言われるケースもあります。だから指導者は裸の王様の状態で威張っているのです。

日本だと親が監督に直接意見を伝えるしか方法がないため、親の側も「監督を怒らせて子供がスタメンから外されたらどうしよう？」と躊躇（ちゅうちょ）してしまうこともあるでしょう。

日本のクラブもスポーツダイレクターの立場を設けて保護者との仲介役になれれば理想です。それが難しくても、指導者と保護者がフラットな立場でオープンに話せる関係をクラブ側が築くべきです。

日本のサッカー少年団では、保護者同士が監督の悪口を言っている光景をよく目にしますが、これは居酒屋でサラリーマンが会社の悪口を言っているのと完全に同じ構図といえるかもしれません。第３部で詳しく書いているように、こうした日本の育成年代の問題を解決するには、日本人の価値観を見直すこと、日本の教育のあり方を見直すことが必要です。

優秀な指導者が現場から離れてしまう待遇・労働環境の改善を！

日本の育成年代のサッカー指導者の待遇は決して良くはありません。そして、優秀な指導者を引き上げていく仕組みがないのも課題です。昔であれば、大学生でサッカーをしながらバイトで教えていた子がそのままサッカークラブに就職し、月収20万円程度からスタートして…という形で生活できる状況があったでしょう。

しかし物価も上がる中で、子供たちが通うサッカークラブやスクールの月謝は大きくは上がっていません。大学生は普通のアルバイトの方が稼げるでしょうし、サッカークラブへの就職を考える人自体も少なくなっているでしょう。サッカークラブの労働環境は決して良いわけではなく、ブラックに近いところも多いので、「サッカー指導で食べていく」と思う若者が減るのは仕方がないことです。

ドリブル塾のようなレッスンが流行しているのは、「サッカー指導者がクラブチームの指導だけでは十分に収入を得られない」という状況とも関係しています。

たとえば1回1時間や2時間の単発レッスンを2000円の費用で行い、仮に50人が集まったとしたら、1日で10万円の売上です。地道にクラブ運営をするよりも単発で大きく稼げるので、テクニックが武器でSNSを上手く活用できる指導者がそうしたイベントを行うのも理解はできます。

実際クラブチームやスクールの仕事だけで、若い指導者が食べていくのは大変なようです。それこそJクラブの下部組織でも雇用形態がかなり脆弱なところがあるそうで、フルタイムで契約をしてもらえないので指導者の道を諦めようかと悩んでいる20代の指導者もいるそうです。Jクラブの下部組織の指導者ですらそんな状況のところがあるため、より規模の小さなクラブの指導者はさらに厳しい状況でしょう。日本サッカーを強くしていくためには、指導者の待遇を良くしていくことが必要です。しかし一方で、大幅な助成金の投入などは難しい現実があります。

では、できることは何かというと、**各々のサッカークラブが優れた指導体制と付加価値を提供し、指導の単価を上げていくことが1つでしょう。**大豆戸FCのように優れた指導を行うのみならず定期的な被災地視察やピッチ外での課外活動を多く取り入れているクラブは、月謝を上げても子供を入団させたいと考える保護者は多く、今も空きが出るのを待っている人が沢山います。

しっかりとした指導と教育的な付加価値を提供できれば、月謝が2万円を超えたとしてもその価値を見出して子供を入れたいと思う親が出てきますし、個人的には良いサッカークラブは教育産業において人気のある塾と同等の価値を提供できると考えています。そうすることでクラブ側は事業を安定させ、指導者の報酬を上げていくことができます。

しかし、全国的に市川GUNNERSや大豆戸FCのようなことが実践できているクラブはごく少数です。そもそも、明確なサッカー哲学、指導メソッドを持っているクラブが少なく、それを対外的に発信できているクラブはもっと少ないのが現状です。人を集める場合も「この大会で優勝しました」「強豪ジュニアユース、J下部に何名行きました」といった目に見える成績と実績でしかアピールできないクラブばかりのため、指導内容や教育的付加価値でアピールをできるクラブが増えてほしいと思っています。

また事業としてクラブチームを安定して運営するには、経営的な能力も持っているトップがいることが必要です。そうやって「この人はサッカー以外でビジネスをしても成功しそうだな」と思うような人が増えていけば、サッカー業界の価値も上がっていくでしょう。

2-4 保護者

——親たちも「サッカーの本質」を理解するために必要なこと

保護者も「サッカーの本質を理解すること」がスタート

ここからは、サッカーをする子供を持つ保護者の問題について書いていきます。繰り返しになりますが、**サッカーが上手くなるにはサッカーの競技特性や、サッカーの本質を考えて、理解することが大切です。**

それは親も同じです。そうしたことを考えずに済ませていると、「YouTube やインスタで表示される凄いフェイントをするドリブル塾」「小学校年代で勝てるクラブ」など、目先の利益に安易に飛びつくことになってしまいます。

子供が本当にサッカーが大好きで、前線のポジションでプレーしていて、ドリブル突破を武器にしたいと思っているなら、ドリブル塾などに通わせるのは合理的ですし、理解できます。

親が子供の成長に対して非常に熱心なのは良いことです。自分の子供のドリブルの様子を撮影しながら、上達を後押ししている親もたくさん目にしてきました。ただ、「サッカーを上手くなること」が「自分の息子が点を取ること」「自分の息子がドリブルで何人も抜けること」とイコールになっていて、それ以外の視点が抜け落ちているとしたら、それは勿体（もったい）ないでしょう。

サッカーはチームスポーツのため、1人の選手のドリブル技術が上達したからといって、チームが劇的に強くなることはありません。力のないチームなら、いくらドリブルが上手な子がいても、その子に上手くボールを回せないでしょうし、その子が勝負しやすいシチュエーションもチームで作れないでしょう。

子供を応援する親も「ドリブル突破」や「得点」以外の評価軸で子供を見てあげて、成長を促してあげることが大切です。ディフェンスの選手なら「今日はあの場面でよくボールをクリアできたね」「カバーリングが上手にできていたね」など、いろいろ言ってあげられることがあるはずです。

「サッカーが上手くなる」というのは、簡単に目に見えて分かるものではありません。だからこそ、**指導者や親がサッカーを理解し長い目で、子供の変化を観察してフィードバックをしてあげることが大事**です。

〝進路活動〟で所属クラブが選ばれることも

日本では小中学生の子供のクラブ選びも「お受験」のようになっている一面があります。「あのジュニアユースに行くと○○高校に推薦で行きやすい」といった進路活動的な観点でクラブを選ぶ親もいるのです。そうした口コミは、主にサカママ（サッカーママ）のあいだで飛び交っていて、サッカーの内容より「損得」の観点でクラブが選ばれているように感じます。

今の中学サッカー界では、人気クラブのセレクション対策のレッスンを行うスクールまであります。**スクールがまさに〝傾向と対策〟を学ぶ受験対策の予備校になっているわけです。**またセレクションでは走力なども求められるため、「走り方トレーニング」や「フィジカル強化」を売りにしたスクールも乱立しており、小学校1、2年生の頃から通っている子供もいます。

子供の遠い将来の利益まで考えてクラブを選んだり、スクールに通わせたりするのは、親の教育観の一つのため否定はしません。ただ、サッカーの競技特性や本質を理解すれば、もっと別の観点から「自分の子供にとって良い環境」を選べるはずです。親の側からすれば「子供には苦労や失敗をしてほしくない」「そのために自分が用意したレールの上を進んでほしい」と思っているのでしょうが、「親が子供の進む道を決めてしまうのは良いことなのか？」と考えてみることも必要でしょう。

私個人としては、子供も自分なりに苦労や失敗をしたほうが成長でき、その後の人生を有意義に過ごせると思っています。 そして自分の子供といえども、やはり自分とは別の人格の「他人」なので、自分で進む道を決めてもらうことが大事ではないでしょうか。

「家庭の裕福さ」が選手の成功を左右する現実も

日本では、「家庭の環境が良い子供、地域の環境が良い子供のほうが有利になる」という現実もあります。その一例といえるのが三笘薫です。彼は素晴らしい才能の持ち主で、個人的な努力を重ねて大成功した選手ですが、幼稚園時代からサッカースクールに通っている子供でもありました。そして有名な話ですが、小学生時代に通っていたさぎぬまSCは、権田修一、板倉滉、三笘薫、田中碧と、前回ワールドカップの出場選手を4人も輩出したサッカークラブです。さぎぬまSCの活動する川崎市宮前区は少年サッカーのレベルが高いエリアですし、その背景には比較的高所得の家庭が多いエリアであることも関係しているでしょう。

三笘はそこからすぐに川崎フロンターレのU-10に移っていますし、やはりプレー環境にも恵まれていたと言えます。

質の高いクラブやスクールには月謝が高いところも多いです。**才能のある子供が上手く成長できるかどうかについては、家庭の所得格差が影響している部分も間違いなくあるでしょう。**こうした状況も、子供がスポーツを楽しむことを権利として認め、子供の成長が〝課金〟で左右される割合が小さいスペインの育成システムを参考にすれば、改善ができるのではないでしょうか。

サッカーが分からない親も、分かろうとする努力はしよう

子供がサッカーをしている親の中には、「子供の成長を後押ししてあげたいけど、自分はサッカーが全然分からない」という人もいるでしょう。どんな人も「サッカーを知らない状態」からサッカーに接しはじめます。そのため**「知ろうとすること」「関心を持つこと」がまずは大事です。なぜなら興味関心すらも持てていない親が、想像以上に多いと私は感じているからです。**

しかし親がサッカーに興味を持てないことには、指導者側の問題もあります。たとえばスペインの指導者のように、子供の頃から戦術的な指導をしていて、試合の中でも面白い駆け引きが見られたら、練習や試合を見に来ている親も、自然とサッカーへの理解と興味が深まっていくはずです。子供も親にサッカーの本質と面白さを説明をするでしょう。しかし、日本の育成年代の指導者は、ここまで書いてきたようにそうした指導をできていないことが多いです。

SNSでバズっているドリブル塾に飛びついてしまったり、サッカークラブ選びを「お受験」のように考えたりしてしまう親が増えてしまうのも、親の問題というより指導者の問題、そして日本サッカー界全体の問題といえます。

そんな状況でも、サッカーがよく分からない親にできることは何でしょうか。**まずは、子供とサッカーの話をしてみることです。**サッカーのことが分からなくても、子供がプレー中に何を感じ、サッカーのどういうところを楽しいと思っていて、何に悩んでいるのかを聞いてみるのです。もちろん、最初はキャッチボールにならないかもしれませんが、話すことで自分も興味が湧いてくるはずです。

また自分がサッカーを教えられなくても、「子供がプレーした試合の映像を一緒に見てみる」「プロの試合の映像を一緒に見てみる」「スタジアムに一緒に試合を見に行ってみる」などして、子供と一緒にサッカーを楽しむことはできるでしょう。

映像を見ながら「これって何なのか教えてよ！」とサッカーを教わるのもいいかもしれません。「自分が映っているところだけでも見せて説明してよ」と言うだけでも、親子でコミュニケーションはとれますし、子供は自分で話すことでもサッカーの理解を深められます。

親子の共通の話題を作って会話を楽しむのは、サッカーが上手くなること以上に大事なことです。そして、子供がサッカーや習い事をしているような時期は、親子が接する時間が人生で一番長い時期のはずです。親がサッカーを分からなくて、その成長を後押しできなくても、その悩みや楽しみを共有することだけで、子供の成長にもいい影響があるはずです。習い事をさせてお金を払うだけで「子供を成長させられている」と考えている人も多いと感じますが、それだけでは勿体ないことです。

そしてサッカーに興味を持ったうえで、自分で情報を取りに行くことも大事です。この本を読んでいる人は、まさに「自分で情報を取りに来た人」だと思いますが、「サッカーを通じて子供に成長してもらいたい」と思ったとき、世の中にはさまざまな情報があります。インターネットや書籍にも様々な情報はありますし、子供がプレーするクラブを選ぶために練習を見に行くこともできます。

親も子供と一緒に関心を持って、何かを調べたり足を動かしたりすれば、多くのことが得られるはずですし、無意味なレッスンにお金を使うこともなくなるはずです。

「プロの試合を見ることでも成長できる」と理解する

日本には「サッカーはサッカーを練習することでしか上手くならない」と思っている指導者や親が多いと感じます。「とにかく練習しなきゃ」という強迫観念に駆られているような状態です。

しかし実は、Ｊリーグの試合や欧州のトップリーグの試合を見たほうが、サッカーを上手くなる可能性があります。プロの試合を見て「あのプレー凄かったよね」と話すだけでも、子供たちには「共通のプレーイメージ」を作れるからです。

日本では、地上波で代表戦がやっていた翌日に、「三笘のあのドリブル突破からのゴール見た？」と話しても、残念ながら見ていない子供が多いです。スペインだったら代表戦はもちろん、地元クラブやバルサ、マドリーのようなクラブの試合を見ている子も多いです。だからこそ、指導者と子供、そして親のあいだでも「共通のプレーイメージ」を描け、それで会話ができるのです。

また今の日本にはＪ１からＪ３まで60のクラブがあり、どの地域の人も、そう遠くない場所でプロの試合を見にいける環境にあります。しかし、サッカーをプレーしている小学生が「今週はみんなでＪリーグの試合を見に行こう」といった機会はあまり設けられることはありません。

それは**指導者に「サッカーを見ることの価値」を理解していない人が多いことも理由の一つでしょう。**「プロの試合を見ること」と「サッカーが上手くなること」を結びつけて考えられないので、週末にもとにかく練習や試合を入れてしまう状況が日本の育成年代にもあります。

一方のスペインでは、子供がサッカーをしていたら、週末に近くのプロの試合を一緒に見に行くのは自然なことです。年間シートを家族で持っていて、週末はみんなで見に行く人も多いです。それは子供の頃から「サッカーをすること」と「サッカーを見ること」が切り離されていないということです。

日本は、それが切り離されています。こうした点が「サッカー文化がある国」と「サッカー文化がない国」の違いです。実際に日本では、子供がサッカーをやらなくなった瞬間にサッカーへの興味が一切なくなる親が多いため、非常に残念なことだと感じています。

サッカーは「人生の様々な学びを得られるスポーツ」

サッカーは監督の指示をベースに選手がプレーしますが、ピッチの中では選手の主体的な判断が求められるスポーツでもあります。サッカーには「認知」「分析」「決定」「実行」という4つのプロセスがあることは書いてきた通りですし、「状況を素早く認知する力」「認知した情報を分析して、自分で決断する力」を養うことで上達できるスポーツでもあります。

これは非常に当たり前のことですが、そうしたサッカーの捉え方も、親には十分に浸透していない印象です。「しっかり身体を動かして健康になってくれれば良い」くらいの認識で止まっている人が大半ではないでしょうか。

サッカーでプロになれる子供は本当に一握りです。99％以上の子供は全く別の仕事につきます。であれば、「サッカーを通じて、その後の人生に活かせるどんな能力を培えるのか」「このスポーツを通じて得た仲間を人生の財産にしてもらうために、何を手助けすべきか」といったことを親も考えてあげたほうがいいでしょう。

第3部で詳しく書いているように、**サッカーの本質を理解して本気で練習と試合に取り組めば、子供たちはその後の人生や仕事で役立つさまざまな学びを得ることができます。**

だからこそ親自身も自分なりにサッカーを勉強したり、定義したり、認識した方が、親にとっても「子供がサッカーをする意義」を見出しやすくなるはずです。

2-5 高校・大学
――日本独自の育成システムの光と影

高校の指導環境は整ってきているが、部員の多さは問題

ここまでは主に小学生年代のサッカーの問題について書いてきましたが、高校や大学の育成の状況も確認しておきましょう。

全国高校サッカー選手権に出るようなレベルの高校では、指導環境は着実に向上しています。近年は人工芝のフルコートを持っている高校なども増え、練習環境は良くなっています。ただ勝利だけを目指すだけでなく、サッカーの理解が深まるような指導をするチームも増えています。

一方で、**相変わらず問題なのは、強豪校の部員の多さ**です。やはり一つの強豪校に200人、300人もサッカーをする子供が集まるのは不健全です。

高校サッカー選手権で勝てるチームを作るためには、そのくらい部員を集めた後で、少数精鋭のチームをつくったほうが、部内での競争は激しくなって良いのかもしれません。学校は沢山の生徒を確保することで財政面でのメリットがあるでしょうし、部員が多いほうが部費も潤沢にな

るのでしょう。

近年は、５チーム、６チームとチーム数を増やして、それぞれのチームに一定時間の練習を確保する努力をしている学校も増えています。そのため、以前よりは「試合に出られるメンバーのために応援団に回る選手が疲弊する」といった状況は減ってきているようですが、依然として改善は必要です。

「スポーツ推薦」は廃止すべき

これは私の持論ですが、「サッカーが上手いから」という理由で進学ができてしまうスポーツ推薦は廃止すべきだと思っています。根本的な話として、サッカーが上手いことと進学は別物です。日本に文武両道という言葉があり、「文武両道が偉い」とされているのは、両者が別物という認識が浸透しているからこそでしょう。

そして**スポーツ推薦制度は、「サッカーができる人が偉い」という風潮も生みやすいのです。**「サッカーさえできれば進学できる」という状況は子供にも親にもいい影響を与えません。

大学の推薦枠については、高校だけでなくＪクラブの下部組織にもあります。「Ｊクラブのユースでプレーしていると大学にスポーツ推薦で入れる」という実態があるわけです。その制度を知った上で、子供を大学まで通わせたい親が子供をJクラブの下部組織に入れたがるという事態も起きています。

高校のサッカー部、大学のサッカー部からすると、学力を度外視して優秀な選手を集められる点でスポーツ推薦は使い勝手のいい制度なのでしょう。ですがサッカー界は、サッカーの実力と進学を切り分けて扱うべきです。

また**スポーツ推薦で高校や大学に入った選手は、退部や中退が難しい**という実情もあります。スポーツ推薦というのは、「入学後に運動部で活動してもらうこと」を前提とした制度ですし、中には学費を免除されているケースもあるでしょう。そのため、学生側の意向で退部や中退がしにくい場合も多いのです。

大学を中退して早めにプロ入りした例としては、日本代表の長友佑都です。長友佑都はスポーツ推薦ではなく指定校推薦で明治大学に入学していたため、大学3年で中退してプロ入りできました。同じことがしたくてもできず、プロで活躍できる実力をすでに持っているのに、大学卒業まで4年間もプレーせざるを得なかった選手はいたはずです。

ただ近年は上田綺世がスポーツ推薦で法政大学に入学後、サッカー部を退部して前倒しでプロ入りしています。今後はそうしたケースが認められることも増えるかもしれません。

高校の部活にこそ代理人が入ってもいい

ハビエル・アスカルゴルタが横浜マリノス（現・横浜F・マリノス）の監督を務めた時代、本山雅志を獲得しようと高校に出向いたら、サッカー部の監督に「マリノスには古賀誠史を行かせるので本山は鹿島に行かせます」と説明されたという有名な逸話があります。今では監督が選手の進路をそこまで決めているケースは少ないはずですが、昔はそんな話が沢山ありました。

監督が進路を直接決めるわけではなくても、「お前はあのチームの練習に行って来い」と練習参加のチームを振り分けることで、選手の進路に影響を与えていたケースもあるでしょう。その裏には監督への接待などもあったと聞いています。そうした裏事情を知らなかった選手も多いはずです。

しかし、時代も変わった現在は、さすがに選手に職業選択の自由が認められるようになり、進路選択の主導権は選手自身が握れるようになりました。また、選手の進路について無茶なことをしていた監督の多くは、表舞台から消えています。

そして最近は、高校在学中から代理人を付けてチームを選び、卒業後に海外クラブに直接加入する選手も増えています。**18歳は日本の成人年齢ですから、自分の進路は自分で決めるべきで、**

自分で代理人を付けてクラブと交渉、契約するほうが良いでしょう。

ただ日本では、高校や大学、それにJクラブのユースが代理人との契約を禁止していたり、特定の代理人としか契約できなかったりする独自ルールを作っているケースがあります。特定の代理人だけを認めるのは、利権に繋がる可能性も高いので、健全とはいえません。

クラブや学校側が代理人の出入りを嫌がる気持ちは分かりますが、進路選択は選手の権利です。一方で、高校でプレーしている選手は、契約についての慣習や情報を個人で集めるのは難しいので、周囲の大人がアドバイスをしたうえで、代理人と契約できる状況が望ましいです。

〝新卒一括採用〟は「プロに入ったら鳴かず飛ばずの選手」を生みやすい

能力のある選手を育成システム全体で有力クラブに集めていくスペインでは、「プロデビューしたけど鳴かず飛ばずだった」という選手は日本と比較すると生まれにくいです。

一方で日本ではそうした選手が一定割合で生まれてしまいます。その一番の理由は、ほかの仕事の就職と同様に、高校新卒者、大学新卒者を一括で採用するシステムにあります。

日本の場合はプロクラブのユース所属の一部選手を除き、基本的に「新卒年齢の区切り」でプロになります。高卒なら18歳、大卒なら22歳でデビューと年齢が決まっているわけです。

一方のスペインの場合は、選手のレベルに合わせてデビューする年齢が決まるため、ヤマルのように15歳でプロデビューする選手もいれば、その時期がもっと遅い選手がいます。日本では「今シーズンはＪ１、Ｊ２、Ｊ３のクラブに１００人の新人のＪリーガーが加入しました」といったニュースが報じられることがありますが、ラ・リーガでは「今年の新人は１００人」といった数え方はしないですし、数える意味も分からないでしょう。

日本ではそのように高卒選手、大卒選手がシーズンはじめに一挙に加入するため、毎年プロ契約する選手の人数はスペインより多くなります。**一方でそれだけ多くの選手が加入することは、同じ数だけ選手が首を切られていることを意味します。**

プロに入ったけれども活躍できない選手が多くなってしまうのは、やはりシステム設計上の問題です。そして、「学校卒業時点」という教育システム上の区切りでプロ契約を行う日本よりも、選手のレベルでそのタイミングを決めるスペインのほうが、よりプレーヤーズファーストの仕組みと言えるでしょう。

日本でも、みんなが高校卒業、大学卒業のタイミングでプロ入りするのではなく、選手のレベルに合わせて柔軟にプロになる仕組みがあっても良いはずです。日本代表入りが期待されるような選手にとって、高卒や大卒の資格が重要かというと、決してそうではありません。それに高校も転校したり通信制を利用したりすれば、高卒資格は手にできます。大学も距離的に通える場所なら卒業もできるでしょうし、休学や退学をしても、また勉強をしたいときに勉強はできます。たとえば柴崎岳は高校2年生の時点で鹿島アントラーズ入りが内定していましたが、彼ほどの選手なら高校でもう1年プレーせず、いち早くプロ入りしたほうが大きく成長できた可能性はあります。

大卒のプレイヤーにも同じことは言えます。強化指定選手の仕組みが、そうした選手にプロでプレーする機会を与えているのが現状ですが、より選手のレベル感に合わせた入団や育成の仕組みを作ることが望ましいでしょう。

「大卒Jリーガーの活躍」＝「日本のクラブが18～22歳のエリートを上手く育成できていない」

三笘薫らを筆頭に、日本では「大卒Jリーガー」から優れた選手が量産されています。これについては、見方によって良い面も悪い面も出てきます。良い面は、言うまでもなく「大学サッカー」が選手の育成機関として優れた機能を果たしていることです。ただ、それは**裏を返せば、「日本のプロリーグが18歳～22歳世代のエリートを上手く育成できていない」とも言えます。**

実際、Jクラブのユースから昇格した選手や、高卒でプロ入りしたエリート選手以上に、大卒Jリーガーの活躍は目立っています。

大学スポーツがプロに近いレベルで育成機関として機能している国は、日本と韓国くらいです。学生のためのオリンピックといえるユニバーシアードでは、実際にその2カ国が優れた成績を残しています。「大学でサッカー選手を育てる」というのは、世界的に見れば異例な環境といえます。

日本では、プロからの誘いがなくても大学で成長する選手は多くいますし、三笘薫のようにプロの誘いを断ってあえて大学に行く選手も中にはいます。この日本独特の環境を、選手たちも上手く使えばいいのです。また大学で〝仕上げの育成〟を行うシステムは、日本の環境に合っているという考え方もあります。

福岡大学の監督や全日本大学選抜の監督を務めてきた乾真寛監督が話していましたが、日本人の体や骨の成長過程はヨーロッパの子供たちと比較すると少し遅く、大学生世代の21歳、22歳ごろに身体が仕上がっていく選手が多いそうです。そのためこの時期は、プロで戦うための肉体やメンタルを仕上げていくのに大切な時期といえます。

スペインでは、身体の発達も戦うためのメンタルの発達も、早熟な子が多い印象です。私がスペインでコーチをしていた時期も、中学1年生で180cmオーバーの子供が何人もいました。**そもそもの骨格が日本人より大きいということは当然あるでしょうが、日本とは成長曲線も違うと感じました。**

一方の日本は、身体的にもサッカーの能力的にも、大学生の年代ごろから大きく伸びる選手も多くいます。それは戦術的な指導が行われる時期が遅いことも関係しているかもしれませんが、日本の現在の育成環境を考えれば、大学の4年間をバッファ的に活用するのは一つの手段です。

高卒↓海外移籍の選手が増えてきた中で、Jリーグにできること

近年は高校やJユース↓大学というルートに加えて、先に触れたように学校卒業後に直接海外に渡る選手が増えています。ボルシアMGのセカンドチームに加入した福田師王などはその典型例で、セカンドチームで試合に出場してしっかり結果も残し続けた結果、1年足らずでトップチームへの昇格が決まっています。

彼と神村学園でチームメイトだった大迫塁はセレッソ大阪に加入するも、1年目はほとんど出場機会を得られませんでした。2年目からはJ2のいわきFCに育成型期限付き移籍をしています。

この2人のキャリアの違いを見ると、「高卒でJリーガーになるなら、海外移籍してセカンドチームで経験を積んだほうが良さそうだ」と感じる人が多いはずです。**実際、今後は直接海外のルートを選ぶ高校生はさらに増えていくでしょう。**

ちなみにJリーグも創設当初からしばらくは控えのリーグ戦「サテライトリーグ」があり、一

部のU-22チームがJ3リーグに参戦した時期もあります。その後は21歳以下の選手を中心とした「Jエリートリーグ」も開催されましたが、2023年、2024年は開催されていません。

一方ドイツやスペインなどでは、プロクラブのBチームが3部や4部リーグに所属し、若手が経験を積める体制が整っています。

そうしたリーグ戦がない日本では、トップチームに加入した18歳の若手選手の多くは、ただ出場機会を得られないまま、1年や2年の期間を過ごすことになります。トップチームは「育成の場」ではなく勝つためのチームを作る場所のため、監督が実力の足りない若手を使わないのは当然のことです。そのため**Jリーグも若手が出場機会を得られる場を作ることはやはり大事です。**

もちろんJクラブも何もしていないわけではなく、最近はレンタル移籍で経験を積んで成長する選手が増えています。ただ、加入後すぐにレンタルで出してもらえる選手は少ないですし、加入時は年代でトップのタレントだった選手が、1~2年くすぶっている間にどんどん追い抜かれていくケースはよく目にします。

こうした状況は、福田師王のような成功例などが増えれば、その外圧で変えざるを得なくなっていくでしょう。

学校卒業時点でサッカーから完全に離れる人が多い

Jリーグは J1〜J3までのプロリーグを持ち、その下にアマチュアリーグのJFLや地域リーグがある形です。こうしたピラミッド型のプロリーグの構造は、スペインなどのヨーロッパ各国に着実に近づいています。

スペインのラ・リーガの場合は完全なプロリーグは1部・2部のみ。2グループ各20クラブの計40クラブで構成される3部からはセミプロになります。そして4部（18チーム×5グループの90チーム）あたりまでは「なんとかサッカーでご飯を食べていけるレベル」の報酬がある形で、チームや選手によってはそれも苦しい場合もあります。

そしてスペインで育成年代といえるのは19歳までです。20歳以降は、こうしたラ・リーガ1部をトップとするピラミッド構造のリーグでプレーすることになります。この点は、22歳まで大学でプレーできる日本との違いですし、20歳そこそこの若手には厳しい環境といえるでしょう。レアル・マドリーの下部組織育ちの中井卓大も、レアル・マドリー・カスティージャ（3部所属）ではほとんどプレー機会を得られず、同じ3部のチームにレンタルされて戦っている最中です。

なお4部や5部のリーグは、サッカーだけで食べていくのは厳しい環境ですが、裏を返せば**「仕**

事をしながらサッカーも本気で続けて、そこから這い上がっていくのを目指す」という生き方もスペインでは可能です。実際に仕事とサッカーをいいバランスで日常に組み込んで生きている人は、スペインには多いです。

日本はその点、事情は全く違います。Ｊ１やＪ２から声がかかった選手は、ほとんどの人がプロ入りしますが、Ｊ３やＪＦＬとなると、特に大卒選手の場合は辞退する人も出てきます。

というのも、Ｊ３になると選手となれば年俸は２００万円や３００万円といったケースも普通にあります。いい大学に通って、就職活動をしっかり行っていた人の場合は、初任給がより高い大企業から内定をもらっている場合も多いです。**そして仕事の安定性や将来性は「新卒で大企業に入社する道」のほうが高いため、プロの道を諦めることも当然あるでしょう。**

実際に、名門大学サッカー部のレギュラーだった私の知人は、Ｊ３のチームからオファーを受けていたそうですが、給与などの条件を考えて就職を選びました。「あの大学で就活も頑張ってた人なら、そりゃ就職するよね」としか言えません。

日本の学生が「サッカーか仕事」の二者択一を迫られるのは、やはり新卒一括採用の慣習の存在が大きいです。スペインには新卒一括採用はありませんし、「大卒だから」という理由だけで採用してくれる企業もありません。基本的にはインターンを行ってからの実力採用になります。

そして日本の場合は就職して以降の仕事とサッカーを並行する道は実質的になく、「サッカーか就職か」の二者択一で就職を選んだ人は、サッカーをスパッと辞めてしまう人が多い現状です。中にはサッカーに人生をかけてプレーしてきた人もいるので、それは非常に勿体ないことだと思います。セミプロ生活が可能な仕組みがもっと日本でも整えば、こうした状況は改善していくでしょう。

日本の選手は「個人の努力」で成功しているのが現状

ここまで書いてきたように、日本サッカーの育成システムには、さまざまな改善すべきポイントがあります。そんななかでも**大きく成長できた選手は「個人の努力で成功した選手」が多い**というのが私の見解です。

たとえば三笘薫。彼については、先に書いたように育った環境が良かったことや、さぎぬまSCやフロンターレの下部組織が上手に育成した部分もあると思いますが、「すぐにプロになってやっていく自信がない」という理由でトップチームの誘いを断って大学進学を選んだように、本人の選択で成長した部分も大きいと感じます。

三笘は大学の卒業論文でドリブルをテーマにした研究を行ったことも有名です。そうやってサッカーを客観的に分析したことも、彼の成長の糧になっているでしょう。筑波大在籍時から元陸上選手の研究者のもとでトレーニングを受けていたり、海外挑戦を機に専属の管理栄養士を付けていたりと、理詰めで成長した選手でもあります。

22歳でプロになるのは、世界的に見れば異例の遅咲きです。それでも世界的な選手に彼がなれたのは、日本の育成システムの特異性を活かしながら、個人で努力を重ねたからでしょう。

一方のスペインは、ここまで書いてきたような育成システムにより、三笘のように個人的な努力を重ねなくても、サッカー選手が成長しやすい環境があります。**次の三笘を日本で育てていくには、サッカー界全体の育成システムを見直していくことが必要**ではないでしょうか。

2-6 サッカー留学

海外サッカー留学ビジネスは日本にしか存在しない

日本ではサッカーの強い国のクラブにお金を払ってプレーをしに行く「海外サッカー留学」という習慣がありますが、それがビジネス化している国は日本だけです。なおFIFAは親の仕事の都合で家族ごと移住をするなどの一部のケースを除き、18歳未満の国外移籍を原則として禁止しています。そのためグレーな形で海外チームに加入している人もいますが、それでも公式戦への出場はできません。

海外サッカー留学には年間で300~400万円ほどの費用がかかるようですが、公式戦に出場できなかったら大きな成長は期待できません。そうやって海外に成長の機会を求めてしまう人がいるのは、日本の育成環境が整っていないからというのも大きいと感じます。

裕福な家の子なら留学をしてもいいでしょうが、借金や無理をしてまで行うことではありません。特に良くないと思うのは、日本でプロからのオファーがない高校・大学生やその卒業生が、セミプロを目指して海外に渡るのを手助けするような海外サッカー留学ビジネスです。

日本でそうした留学ビジネスが成立している背景には、**「日本サッカーの育成システムでは選手たちは自分のレベルをきちんと理解できていない」**ということが大いに関係しています。自分のレベルを把握できていないからこそ、「海外に行けば一発逆転があるんじゃないか」と思えてしまうのでしょう。

そのため大学サッカーでAチームに入れていないような子が、「ドイツでプロを目指します」と年間300〜400万円の費用を斡旋業者に払ってサッカー留学をしてしまうケースもあります。そのお金は両親や祖父母が負担しているケースがほとんどです。そうした選手が出てきてしまうのは、日本の育成システムの失敗だと感じます。

もちろん、日本で無名だった選手が海外に渡って活躍するケースもありますが、その確率は非常に低いです。**プロ選手は「お金をもらってサッカーをする人」であり、「お金を払ってサッカーをする人」ではありません。**だからスペインなどの諸外国にはサッカー留学ビジネスなどは存在しないわけです。

育成年代のうちに「プロになれるかどうか」をジャッジし、それを子供たちに理解させるのは大人の仕事であり、育成システムに求められる役割です。言い方を変えれば、「君はサッカーではプロになれないけど、別の職業で幸せな人生を送れるはずだよ」と背中を押してあげるのも、育成の役割の一つだと私は思います。

未知の文化、価値観に触れるサッカー留学には大きな意義がある

年間300万円のような大金を払って、プロになる実力のない大学生年代の選手がプロ入りを目指して行う海外サッカー留学に私は反対です。ただ、実力のある選手が海外のチームに練習参加をすることや、人生経験を得る目的も兼ねて留学をすることは、やはり非常に良い成長の機会になるでしょう。

サッカーに限らず、異国に渡って全く新しい文化や価値観に触れることは、その人のモノの見方を変え、人間としての器を大きくします。そうした機会があるなら、留学にチャレンジしてみるのは良いことです。

私も高校生や大学生のスペイン研修をコーディネイトしたり現地で帯同したことがありますが、練習はもちろん日常生活の場面でも、「この子たちが新しい価値観や考え方を学ぶ良いきっかけになるだろうな」と感じる場面が多々ありました。

たとえば一緒に朝食でカフェに行ったときに、その留学中の子が注文したクロワッサンが、いつまで経っても出てこないことがありました。その子は、「あれ、おかしいな?」と思いながら、

無言で待ち続けていました。

日本では至れり尽くせりのサービスが当たり前で、注文が出てこなくても待っている雰囲気を出せば「察してくれる」文化もあります。しかし、海外ではそうではありません。自分から主張をしないと、相手は動いてくれません。朝食のクロワッサン一つも出てこないのです。

これはサッカーの練習や試合でも一緒で、自分から主張をしていかないとピッチ上で存在を認めてもらえないし、満足にパスも回ってきません。自分のプレースタイルも理解してもらえませんし、チームメイトとしても認めてもらえません。

長友佑都がイタリアであそこまで成功できたのは、チームメイトに自分をさらけ出し、自己主張をできていたからです。圧倒的な技術を持っている選手ではなく、言葉が完璧に喋れなくても、そうやってコミュニケーションを取れたことが彼の成功の秘訣だと感じます。

ここまで書いてきたように、スペインと日本ではサッカーの捉え方が大きく違うので、スペインのクラブの練習に参加することは、日本人選手にとって成長のきっかけになるでしょう。しかし、1日90分や2時間の練習を週に4日やって、2~3週間やっただけで、サッカーの技術が格段に上がることはありません。

大事なのは、日本とは違う「サッカーという競技の捉え方」や「戦うメンタリティ」「自己主張することの大切さ」を学び、それを今後の成長の糧にしてもらうことです。そして、サッカー以外のメンタリティの部分は、街に出て人とコミュニケーションをすることでも様々な気づきを得られるでしょう。

日本の優れた育成クラブ

FC市川 GUNNERS――欧州流のプレーモデルと練習メソッドを整備した

ここでは、日本で優れた選手育成を行っている2つのサッカークラブを紹介します。

1つ目は、千葉県市川市を拠点とするFC市川 GUNNERS（以下、市川 GUNNERS）。2014年の4月に「アーセナルサッカースクール 市川」としてスタートしたサッカークラブです。

現在はフルコートの練習場とクラブハウスも所有しており、全ての年代カテゴリーをもつ総合的な育成クラブとしては、日本で最大級の存在となっています。セレクション制の「チーム」（U-12、U-15、U-18、レディース）と、セレクション不要の「スクール」があり、スクールは幼稚園から小学校6年生までの男子・女子が対象です。

代表の幸野健一さんは世界各地の育成機関を巡ってきたサッカーコンサルタントで、小学5年生が年間を通してプレーする日本最大の私設リーグ「プレミアリーグU-11」の実行委員長も務めています。日本のサッカー協会が整備してこなかったリーグ戦の文化を、日本で広めている重要人物といえるでしょう。

市川GUNNERSはクラブのプレーモデルや指導哲学をしっかり定義しており、そこから派生するトレーニングメソッドをクラブ内で共有しています。そうやって「指導の質」を整えて高めているのが特徴であり、そのぶん会費もある程度高く設定し、週末のゲームも含めて優れた環境が用意されています。

長い時間ダラダラと練習はしないのもスペインと同じで、練習時間は週300分程度を目安にきちんとスケジューリングがされています。そのぶん、強度を高めた密度の濃い練習をしています。

私の上の子供が小学校2年生のときに市川GUNNERSと練習試合をしたことがありましたが、試合時間もコンパクトでした。小学生年代の練習試合は半日で5本、6本とやるのが普通ですが、市川GUNNERSは2本しかやりませんでした。「公式戦が前後半だから練習試合もそれくらいでいいでしょう」というスタンスなのでしょう。

そうやって市川GUNNERSは、ヨーロッパでは当たり前のことを日本でやっているクラブです。ただし日本では非常に珍しい存在のため、特別なことをやっているように見られています。日本でもこうしたクラブが「普通の存在」になっていくことが理想だと考えます。

大豆戸ＦＣ——少人数制で質の高い指導を行い、月謝を上げても人が集まる人気クラブ

本文でも触れた大豆戸ＦＣ（横浜市港北区）も市川 GUNNERS のように質の高い練習を提供しているクラブです。ただ自前のグラウンドは持っておらず、小学校のグラウンドをメインに活動している点は、地域に根づいた少年団に近い部分があります。

一方でコーチはライセンスを持っているプロですし、会費もきちんと取っています。申込みの人数も多く、非常に人気のクラブですが、１人の指導者が抱えられる人数の上限を決めていて、目の行き届く範囲の人数で指導を行っているのも特徴です。

つまり、選手をとにかく集めてお金を儲けようとするのではなく、指導の質を担保しようとしているクラブというわけです。

指導内容については、小学校の頃は高度な戦術的を教えているわけではなく、通っているのも地元の子供たちが中心です。Ａチーム Ｂチームを明確に分けたりもせず、「サッカーの上手さ」でヒエラルキーを作らずに、選手たちの能力を伸ばしている印象です。

このクラブは「一人ひとりが主役」「ちょっとだけ自慢できるクラブ」「モノではなくコトがある場所」「いつでもどこでも誰とでも、やって楽しい観て楽しい」といったコンセプトを掲

げています。指導者も「大豆戸にいるあいだはサッカーを楽しんでほしい」という思いで指導をしているそうです。

一方で中学校の年代になるとセレクションも行われ、横浜の街クラブでは1、2を争う強いチームを作っています。これは代表の末本さんやコーチ陣がサッカーの本質を理解し、海外の育成の良さも取り入れながら、日本の環境に合った指導を行っているからでしょう。

末本さんは私と一緒にスペイン研修に行ったこともありますし、ほかの指導者もプロの試合をよく見ていて、サッカーに関する最新の情報のキャッチアップを行っています。そのため大きな資本があるクラブではなくても、洗練されたサッカーをしている印象があります。

また大豆戸FCは、クラブのコーディネートで東北の被災地支援を行うような活動もしています。「海の近くのグラウンドに来たから、帰りは海水浴をして帰ろう」「練習後にみんなでバーベキューをしよう」といった体験的なイベンドも、練習や試合と組み合わせて行っています。

こうした取り組みには「教育的な付加価値が高い」と感じる親御さんも多いでしょうし、結果として月謝を引き上げても通いたい人が多いのだと思います。私も自分の子供が入れるなら、2万円でも3万円でも払って通わせたいと思うクラブの一つです。

第3部

サッカーを通じて、日本の教育や価値観も変えていく

3-1 サッカーを通じた人間形成の可能性

育成年代でサッカーをしている子供で、プロになれる選手は1%もいません。99%以上の人はプロ選手にならず、別の仕事に就いて人生を送っていきます。

ただ、サッカーに本気で取り組むことは、子供の成長にさまざまな好影響を与えます。サッカーの本質を理解してプレーを続ければ、子供たちは身体だけでなく脳（考える力や判断する力）も鍛えることができます。

サッカーというスポーツには、日本の親が習い事に期待する「教育効果」があるものだということも、ぜひ理解してほしいです。そして、これからサッカーのプレー人口を増やし、日本サッカーをより強くしていくためには、**「サッカーは身体だけではなく頭も鍛えてくれるスポーツ」という認識を広めることは非常に大事**だと思っています。

また、サッカーでプロ選手にはならなくても別の分野で成功する人が増え、「自分はサッカーを通じて思考力や判断力を鍛えられた」「自分のビジネスにはサッカーで学んだことが生きている」と伝えてくれる人が増えれば、サッカーの魅力や価値は大きく増すでしょう。そして経済効果が数字として分かる状態になれば、サッカーの育成年代への投資も増えてくるはずです。

そうした好循環のサイクルを、育成年代の指導を変えることから生み出していけるのが理想と私は思っています。欧州で生まれ、欧州で文化として育まれてきたサッカーに本気で取り組むことは、日本人の価値観を見直すこと、日本の教育を見直すことにもつながります。そして日本の育成年代のサッカーを変えていくことは、日本の教育や価値観を変えていくと私は信じています。この第3部では、そうしたサッカーの持つ可能性について執筆していきます。

「指示待ち人間」を育ててしまう日本の指導

サッカーに限らず、日本のスポーツ界では、自立した考え方を持った世界的なアスリートが多く育ってきています。そして競技の違いにとらわれず、「あらゆるスポーツが手を取り合って、たくましく自立する子供たちを育んでいこう、この社会を良くしていこう」という機運を感じます。

なぜ、スポーツが自立した人間を育めるかというと、**どのスポーツも監督やコーチといった指導者が、選手に指示を出すことはあっても、試合で物事を決断して行動するのは選手自身だからです。**

そしてゲーム中は意見をぶつけ合うことも求められます。日本も海外でプレーする選手が増えてきてからは、自分で決断ができる選手、自己主張ができる選手が増えてきました。ただ、サッカー留学している子供などを見ると、まだまだ意見が言えない子が多いです。日本人は「言われたことを黙って黙々とやっていれば一体感が生まれる」と思っている印象があります。

自己主張をすることは日本人の国民性を考えると一番難しいことかもしれませんが、海外のチームで活躍したいなら、自分を奮い立たせてでも頑張るべきことです。

こうしたコミュニケーションの方法は、サッカーに限らず海外で仕事をする場合は身に付けなければならないものでしょう。そのため**日本でサッカーをしている子供たちにも、自己主張する能力を身につけられる環境を作っていくのが理想**です。

日本の子供たちが監督に意見を言えない背景には、「指導者は子供より偉い人」「偉い人の言うことを子供は聞くべき」という考え方が根強くあると感じます。監督も「言うことを聞け！」と言いますし、親も同じことを言います。

大人たちからそうした言葉を浴びせられると、子供たちは段々と「指示待ち人間」になっていきます。もちろん小学校1年生や2年生の頃は、監督の指示も伝わらず動物園のようにワチャワチャしてますが、4年生にもなると子供もどんどん大人しくなっていきます。

日本の場合は、指導者の側から子供の主張を引き出してあげることが大事だと思います。「君はどんなプレーがしたいの？」「どんなサッカーをやりたいの？」と聞いてあげない限り、そんなことは考えたことがない子供も多いですから。

そうやって指導者が問いを投げかけてあげることで、子供たちにも自分の目指すプレースタイルが見えてきて、おのずと主張もできるようになってくるでしょう。

「スポーツをすること」は「勉強をすること」と同じくらい脳に良い影響を与える

これは東京大学大学院の教授などを務めた深代千之先生から伺った話ですが、子供の脳はスポーツに取り組むことでも、勉強をしたときと同じように発達していきます。漢字や九九を勉強で覚えるとき、人間の脳には中枢神経の中を信号が通る道筋＝パターンが作られるそうですが、スポーツの動きを身につけるときも実は同じことが起こっています。**そのためサッカーなどのスポーツは、勉強と同様に子供の脳の発育に役立っているのです。**

こうした視点は、日本の子供のスポーツに欠けているものだと感じます。特にサッカーは、脳からの指令が届くのが一番遅い足を使ってプレーします。そのため自分がイメージしたプレー通りに身体を動かそうとして、脳の神経回路をつなげることになるので、脳にとっても非常に良いスポーツです。

深代先生は「勉強だけでなく運動も『脳』が行うもの」「勉強と運動は分けて考えないほうがいい」と仰っていますが、その考えには私も非常に共感します。

ただ日本では、小学校高学年になるとサッカーをスッパリ辞めて、毎日のようにやっていたサッカーを毎日の塾通いに変える子供が一定数います。この点は、日本の育成年代で指導をするスペイン人の指導者もビックリしているそうです。勉強も運動も並行して行ったほうが脳にもいい効果があることは、科学的にも実証されているにもかかわらず、その理解は広まっていません。

受験のために塾に通って、1日何時間もぶっ通しで勉強を続けても、同じような脳の使い方しかしていないので、その勉強は効率も悪くなります。また身体を動かさずに勉強ばかりをしていると、**寝る時に眠りは浅くなり、目覚めも悪いです。**

その逆に、勉強の時間を減らして身体を動かす時間を作り、脳の違う部分をまた動かしてあげると、勉強するときの脳も活性化します。

想像しても分かると思いますが、勉強のような同じ作業だけを続けるにも、人間の集中力には限界があります。合間に別のことをすれば気分をリフレッシュできますし、身体を使うスポーツなら身体もリフレッシュできます。**そのため「毎日サッカー」か「毎日塾通い」の二者択一になってしまうのは、非常におかしなことです。**

社会人でも、運動の習慣がある人は心と体を上手くリフレッシュできています。意識的に運動習慣を作っている人は、優秀なビジネスマンにも多く、今は企業の社長をしている方にも運動や筋トレをルーティーン化している人が多くいます。定期的に運動をすることが、仕事にいい影響を与えているのは間違いないことでしょう。

子供も一緒です。「塾に通いはじめるからサッカーを辞める」というのは非常にナンセンスです。私は学習塾を筆頭に、教育産業全体もそうしたことを理解すべきだと思います。子供の時間をまるごと奪って囲い込もうとせず、子供のスポーツともウィン・ウィンの関係を築ければ理想的です。

今は受験産業とスポーツ産業がお互いを潰し合うような状況になっていますが、両方を並行して行えば相乗効果が見込めます。子供を持つ親としても「スポーツと勉強を両立できるなら両方頑張ってもらいたい」というのが本音でしょう。「スポーツも並行して続けられるし、スポーツと勉強を並行して行うことで、短い時間でも効果的に学力をアップできます」という塾があったら、通わせる親も多いのではないでしょうか。

3-2 サッカーを通じて視野を広げる

「サッカーに人生を捧げる」という生き方を疑う

日本では「一つの道を極めることこそが素晴らしい」という考えが根強く、サッカーに限らず、何かの才能がある子供を一つのことに専念させがちです。しかし**一つの道だけを極める生き方をしていると、その道を踏み外したときに何もできない人間になってしまうリスクが高い**とも言えます。

また日本の子供や保護者は、プロになる遠い夢を見て、そこからの逆算で評判のいい街クラブや学校に通ったり、ドリブル塾に通ったりする例も数多く見聞きします。生活の様々なものを犠牲にして、サッカーだけに集中している家庭もあります。

第1部でも触れましたが、スペインの子供たちやその保護者には「生活を犠牲にしてまでサッカーを頑張る」という発想がありません。特に育成年代の下のほうの世代だと、1回60分くらいの練習を週に3日もやればもう十分という感じで、「他の日は別のことをしよう」とみんなが考えています。

一方の日本の子供たちは、サッカーに限らず塾や習い事を詰め込まれがちです。私の小学校4年生の子供の友達を見ていても、今から受験勉強のために塾通いをさせられていて、毎日忙しい子ばかりです。サッカーと塾を両立している子供で、親が「今日もし試合で点を取ったら塾の時間を減らしてやるぞ」と言っているのを見たことがあります。そうやって塾での勉強が罰ゲームのようになっている時点でもう不健全といえるでしょう。そうした光景を見ていると、「子供が成長していくと、親子の会話もだんだん少なくなっていくだろうから、今のうちに親子の時間をもっと大切にした方がいいのにな」と感じてしまいます。

スペインのように、サッカーでも勉強でも**「一つのことに打ち込みすぎない」習慣を取り入れれば、日本の子供たちは家族と過ごす時間も長くなり、より人生は豊かなものになる**はずです。

「弱みを消す」のではなく「強みを伸ばす」

サッカーでは体力のない人や足の遅い人は不利になりますが、動けないなら動けないなりのプレーの仕方はあります。それは育成年代の子供でも、プロの世界でも同じです。

足が速くないなら違う部分で勝負できる選手になればいいし、**弱点があっても別の特徴で優位**

性を生み出す選手になることは可能です。

弱みを消すことも大事ですが、「自分の強みを突き詰めること」も非常に大事です。サッカーについても、何となくみんなと同じ練習をしているだけでは、強みや優位性は生まれません。指導者からは「逆足も練習しておけ」くらいの助言しかもらえないかもしれませんが、自主練をするにしても、自分なりに考えて、自分なりの努力をする習慣をつけることが大切です。

受験勉強や仕事も結局は同じことです。塾や予備校で言われる勉強だけを黙々とやるのではなく、「自分は英語が得意だし、行きたい学校も英語の配点比率が高いから、英語を頑張ろう」といった対策ができる子は、やはり合格の可能性が高くなります。また、自分なりにカスタマイズした努力をするほうが、やりがいもあるし楽しいでしょう。そして楽しんで勉強したほうが伸びていきます。

サッカーは、そのように「強みを伸ばす生き方」や「自分なりに考えて努力する力」を身につけられるスポーツでもあります。そうしたことを親や子供が意識しながら小学生の頃からサッカーに取り組むと、その後の人生に活きるさまざまな学びを得られるはずです。

自然と世界に視野が向く

サッカーはグローバルなスポーツです。優秀な選手たちは次々と欧州のトップリーグに引き抜かれますし、国をまたいでチームを移籍するのはごく普通のことです。国籍や話せる言語に関わらず、世界のどこでもプレーできるのはサッカーの特徴といえます。近年は欧州で活躍する日本人選手も増えましたし、アジアの舞台に活躍の場を移す選手も目立ってきました。

そうしたサッカー界の現状を見ている子供は、自然と海外に目が向きます。お風呂に世界地図でも貼っておけば、「あの選手はこの国の出身だよね！」といった言葉が自然と出てきますし、サッカーを好きになることは地理や社会の勉強にもつながります。

そしてサッカー以外の仕事も含めて、「今の時代は日本以外の場所で働く選択肢もある」という視点を学ぶこともできます。

今の日本には「自分はこの国でしか生きていけない」と思っている人が多くいます。特にそうした価値観を持っているのは、年配の世代や、いま子供を持っている親の世代です。私より若い親御さんでも、そうした古い価値観に縛られて、自分の子供の生き方にも限界を引いている人が一定数いると感じます。

しかしグローバル化が進んだ社会では、**「海外に出る」という可能性があることが分かれば、仕事の選択肢も生き方の選択肢も広がります。**サッカー選手が「今のチームに合わないから」という理由で移籍するように、日本以外の国に活躍の場を求めて、そこで才能が花開く人もいるでしょう。

そうやって一つの場所に縛られず、フットワーク軽く動く姿勢も、移籍が自由なスペインのような国でサッカーをしていたら、自然と身につきます。「この監督と合わないな」「今の自分のレベルに合わないな」と選手が感じたら、移籍する選択肢があり、実際に移籍する人も多いのです。

日本人は、今いる場所で頑張り続けようとして、その場所で上手く生きられない自分を責めたりもします。学校の不登校などもその一例で、「みんなが通っている学校に通えない自分がおかしい」と思ってしまう子供もいるでしょう。それは非常に不幸なことです。

やはり人には環境の合う・合わないがあります。学校が合わなければ転校していいし、サッカーのチームの雰囲気が合わなければ移籍して良い。そう考えられたほうが楽になるし、自分で自分の可能性を閉ざさずに済みます。

サッカーはそうした自由な考え方を学べるスポーツです。サッカーに熱中した子供には、「私もバルセロナでプレーしてみたい！」といった夢を持つ子も出てきますし、海外の文化への興味も自然と湧いてくるでしょうから。

少子高齢化の進む日本では、これから先細りになっていく産業も多いでしょうし、「日本の中で生きていくしかない」と考えていると、息苦しさも生まれてくるでしょう。そんな時代に「海外でも働ける」という視点を持っていると、それだけで生きやすくなるはずです。海外で働く視点がある人なら、円安で日本が買い叩かれてるというニュースを目にしたとき、実際にやるかどうかは別にしても「じゃあ俺は海外で今と同じ仕事をして日本の何倍も稼いでやろう」と考えられるかもしれません。そうしたグローバルに通用するメンタリティを培う上でも、サッカーは活用できます。

3-3 仕事にも生きるスキル、考え方を身につける

「短時間、ハイインテンシティ」が今の時代には必要

日本の育成年代のサッカーは、日本の教育システムや価値観と密接に関係しています。**短時間で質の高い練習をするのではなく、ダラダラと長い時間練習をするのは、ダラダラと残業をする日本的な働き方と一緒**です。その背景には「何となく席に座って残業をしていると仕事をした感が出て安心する」という日本的な感覚もあるのかもしれません。こういった考え方で、達成感を得るために何となく自主練をしている子供もいるでしょう。

しかし、何かと忙しい現代人にとって、時間は非常に貴重なものです。今の日本の子育て世代の人の中には、「絶対に定時に仕事を上がって、6時半までに子供のお迎えに行かなきゃいけない」という人も増えています。そういう人たちは、定時の時間から1日の仕事を逆算して、ハイインテンシティで仕事をされているはずです。仕事をして、育児をして、自分の趣味の時間も作っているという生き方をする現代人は、「限られた時間のなかで高い成果を上げる能力」が求められてい

ます。

それはサッカーの練習も一緒ですし、仮に自主練をする場合も一緒です。子供たちや、それを見守る保護者たちは、育成年代の時点からそうした観点で練習に取り組むべきでしょう。

仕事や生活に役立つスキルを高められる

ここまで書いてきたように、サッカーに本気で取り組んでいる人は、状況を認知する力や、物事を自分で分析し、決断し、実行する力を高められます。**その能力は社会に出てからも役立つものと言えるでしょう。**

たとえば、自分の事業が取り組むマーケットをリサーチすることは「認知」の一種です。さらに仕事では、自分の能力や、自分の会社の状況、ライバルの会社の動きなどを「分析」した上で、どういう行動を起こすかの「決定」が重要になります。そして実行するときの技術もスキルになります。

つまり、認知、分析、決定、実行というのは、サッカー以外のあらゆる物事に存在するプロセスです。 そしてサッカーと同様に、業界の特性や業務の本質を理解した上で、その仕事の経験を重ねることで、人は「仕事ができる人間」になっていきます。

仕事ができる人間とは、過去に経験したことや、見たり聞いたりした事例を頭のメモリーに記録し、その状況に最適な行動を素早く行える人です。他人から見ると直感的にパパッと判断をしているように見えるかもしれませんが、それは集積したパターンを参考にしたロジカルな判断だったりします。これは戦術メモリーを持った「サッカーが上手い人」とも重なることでしょう。

またスペインの育成年代の練習が、「試合で上手くできなかったこと」をすぐに練習で行って改善していくように、仕事でも失敗の原因をいち早く探り、その対策や改善に取り組んでいくことは、個人の成長や事業の成功に繋がります。これも勉強や仕事など、サッカー以外の人生のあらゆることに言えることです。

だからこそ、**サッカーの育成年代からそうした思考を身につけ、個人レベルでPDCAのサイクルを回せると、人生も大きく変わっていくでしょう。**サッカーは「質の高い判断を下せる人間になる」という点でも、非常に役に立つスポーツのため、そうした教育的な性質を親にも理解してほしいと思います。

「組織で戦う力」を身につけられる

サッカーというスポーツでは1人の選手ができることは限られています。マラドーナやメッシといった歴史に名を残すプレイヤーでも、1人で一度にドリブルで抜ける相手は5人が限度です。プロの試合では3人抜いただけでも大絶賛されます。

そしてサッカーは「1人で何人を抜けるか」を競うスポーツではありません。もちろん、結果として2人、3人の相手をドリブル突破する場面はありますが、常にそうしたプレーを目指していると「独りよがりな選手」と見なされます。

日本の育成年代では、ボールの扱いに優れた選手が、そうしたプレーを続けている場面をよく見ますが、スペインではほとんど見ない光景です。なぜかというと、スペインの子供たちは「1人でプレーする限界」を知っているし、サッカーの本質を理解しているからです。

サッカーは11人対11人、小学生の育成年代なら8対8など、数的同数で戦うスポーツです。そのため1人の選手が2人、3人をドリブル突破できたら数的優位を築くことができ、ゴールの可能性が高まりますが、そうしたプレーはボールを失うリスクも高くなります。一方で、「1人の選手が2人や3人を引き付けて、味方にパスを回す」という選択をとれば、ボールを失うリスクを抑えながら、数的優位を築くことができます。
サッカーは、そうやって味方のグループで何らかの優位性を生み出し、しっかりとボールを運んでゴールを目指すことで、得点の確率が上がるスポーツです。スペインの育成年代の指導者や選手たちは、そうしたサッカーの本質を理解したうえで、日々の練習や試合を行っています。だからこそ「サッカーが上手い選手」が育つとともに、「集団の一員としてどう振る舞うべきか」という社会性も身につけることができます。

日本の育成年代では「監督が大声で選手に指示を出し、選手は黙々とプレーする」という場面を多く見ますが、スペインではそんなことはありません。選手一人ひとりが、練習中も試合中も自己主張をします。それぞれの選手に「自分の好きなプレー」や「自分のやりたいサッカー」がありますし、それをピッチで出すために意見を戦わせます。もちろん監督は指示を出しますし、その指示をベースにプレーしますが、「監督の指示通りサッカーをやらされている」という意識はありません。ロッカールームで自分たちの主張をぶつけ合うのは普通のことです。

ただ、誰もが自分のやりたいことをしていたらチームがまとまらないので、そこで監督がファシリテーター的な役割をすることが大事です。「お前ら一人一人の言うことはわかった。それも踏まえて、今はこういう方向でチームを動かしていくぞ」と選手を導いていきます。

こうした**「サッカーのなかでごく自然にしていること」は、学校生活や社会生活に転用できる**

ことばかりです。「教育」や「人間形成」という言葉を使わなくても、社会性を育める環境を日本も作っていくべきでしょう。

独りよがりなプレーが許されないのは仕事でも同じ

日本の小学生年代でサッカーが上手な子には、独りよがりなプレーをする子が目立ちます。その子はチームの武器ですし、最終的には点を取って活躍することもあるので、ミスを許容されていることも多いです。

チームの勝利のためには、そうやって能力のある子を特別扱いすることは有効かもしれません。ただ、その子の将来を考えた場合はどうでしょうか。

本当に高い才能があり、上を目指せる選手なのであれば、指導者はそういう子にこそ厳しく指導することが大事です。そうしないと伸びるはずの能力も伸びなくなり、いっときだけの王様で終わってしまうからです。

実際に、私の子供の同学年に、小学校1年生の頃から1人で何でもできてしまう非常に能力の高い子がいました。周囲の親は「あの子は凄い！」と大絶賛していましたが、私は「あまり将来性はないと思うよ。2年くらい経ったら状況が変わっていると思うから」と妻には話していました。

実際に3年生、4年生と学年が上がってくると、彼はAチームには残っているものの、ナンバーワンのプレイヤーではなくなりました。1人でドリブル突破することや、独力で打開することばかりを頑張ってきたので、周りを使うプレーができないし、周りから使われるプレーもできないのです。

サッカーは集団でプレーするスポーツです。そして、必ずミスが起きるスポーツです。集団で上手くプレーができないとミスが頻発するので、独りよがりなプレーはミスを生みます。そのミスはミスした選手だけでなく仲間全員でカバーすることになります。

そのため指導者は独りよがりな選手に対して、「お前が自分勝手なプレーをすると、周りがケツを拭かなきゃいけない」と教えてあげる必要があります。そうやって「組織で戦う大切さ」を学ぶことは、社会性を育むうえで非常に大切です。

リスクを取るべき場面、リスクを避けるべき場面を学べる

「独り善がりなプレー」というのは場面によって判断が代わります。たとえばペナルティエリアに入るような場所で前を向いてボールを持っているなら、積極的に勝負を挑んでも「独りよがりなプレー」とはいえません。逆に、自陣深くの位置でドリブル突破を図るのは、非常にリスキーなプレーです。

サッカーを長くプレーしてきた人、サッカーをよく見ている人なら、この話は当たり前のことだと思いますが、**育成年代の子供たちにはそうした「リスクを取るべき場面」を丁寧に教えてあげる必要があります。**日本の子供たちには、どのエリア、どの局面でも同じプレーしかできない子が非常に多いからです。

これは「TPOに応じて求められる振る舞いが変わる」という話とも同じです。**仕事においても「リスクを避けて慎重に物事を進める場面」「リスクを許容してチャレンジすべき場面」というのはあります。**そうしたこともサッカーからは学べます。

なおサッカーの監督は「誰を試合で使うか」を決める権利を持っているので、指導をしても独りよがりなプレーが改善されない選手は、スタメンから落とす選択をするのが普通です。育成年

代でも、そうした選手起用は行うべきですし、スタメンから落とされた選手は口頭で指導されたとき以上に、「こういうプレーは許されないのか」と深く理解できるはずです。そして「集団の規律を守らないとチームに迷惑がかかる」と分かるでしょう。

監督が王様化している選手に適切な指導をせず、むしろ1人だけに特別な権利を与えるようなサッカーをしていると、「サッカーが上手い人は人間としても偉い」といった価値観がそのチームに生まれてしまうこともあります。そして、王様化した選手の独善的な振る舞いが加速してしまい、周りも「上手い子は何をやっても許される」とそれを許容してしまうこともあります。そうしたヒエラルキーが生まれてしまうのは、教育上好ましくありません。

自分の立場に求められるタスクを実践する

サッカーで「自分のポジションに求められるプレーを実践すること」は、大人が「自分の役職・立場に必要なタスクを実践すること」とイコールです。これは先ほどのＴＰＯの話と一緒です。

サッカーには選手ごとに割り当てられるポジションがあり、ポジションによって求められる役割が変わります。またプレーするエリアごとに求められるタスクも変わってきます。サッカーという集団スポーツをする中では、そうしたことをまず理解するのが大切です。

スペインでは足元の技術などに関係なく、そうしたＴＰＯを理解してプレーできる子が育成年代の下の方でも多くいます。日本の育成のよくないところは、かなり早い時期から選手のポジションを固定してしまうところです。私の子供が通うチームでも、小学校2年生、3年生の頃からポジション固定がはじまっています。

しかし子供たちは、いろいろなポジションを経験しないと、各々のポジションの特性が分かりません。そのため前線でばかり起用されている選手は、チームメイトのディフェンスの選手が何を考えてプレーしていて、何を頑張っているかも理解しにくいでしょう。

その逆に、いろいろなポジションでプレーを経験すれば、ポジションごとに求められる役割が分かりますし、より多様な能力を身につけられます。意外なポジションに自分の適性を見つけられる選手もいるでしょうし、自分の得意なポジションに戻った時にプレーの幅が広がっている選手もいるでしょう。

プロの選手ですら、プレーするポジションを変えるとそうしたことが起こるので、小学生のうちは過度なポジション固定は避けるべきです。プレーするポジションについては、もちろん子供の希望も大事です。スペインの子供たちも、「自分はここでプレーしたい」「ここではプレーしたくない」と希望をハッキリ言ってきます。指導者は、そうした子供の希望にも耳を傾けたうえで、**「なぜ君にこのポジションでプレーしてほしいのか」「このポジションでプレーすることで、どん**

な成長が見込めるのか」といったことも説明してあげられるのが理想的です。

大人の仕事でも、「自分の希望とは違う部署に回された」「興味のない仕事だったけど、やってみたら自分に向いていることが分かった」といったことはよくあります。「上の人から割り当てられたポジションで、求められた役割をこなす」というのは、生きていく上で何度も経験することなので、それをサッカーで経験できるのは非常に良いことでしょう。

「監督に求められる選手」は、世の中で求められる人材になる

私がこれまでサッカーの取材を経験してきて「いい選手」の特徴として見えてきたものがあります。いい選手というのは、ただ単に技術が高い選手ではありません。**監督が変わっても、常に求められる役割をこなせる選手です。**

プロ選手の中には、ずっと同じポジションでプレーし続ける選手はいますが、常に同じチームで、同じ指導者の下でプレーを続ける選手はまずいません。チームの移籍はごく普通にありますし、同じチームでプレーを続けていても、指導者は変わっていきます。

そうした中で残っていく選手は、「監督が何を求めているのか」をその都度理解できる選手といえます。**監督は上手い選手を起用するのではなく、自分の求めるサッカーを上手く体現してく**

れる選手を起用するからです。

本気でプロを目指したいなら「監督から求められる選手はどんな選手か」「自分の長所と短所は何か」「どの部分を磨けばライバルたちのなかで優位性を出すことができるのか」といったことをしっかり考えるべきです。

サッカー以外のスポーツでも、他の仕事でも、同じようなこと考えるのは大事です。目先の利益だけを追うのではなく、求められる人材の特徴を把握したり、仕事の本質を理解した上でどんなスキルを磨くべきなのかを考えたり、業界の構造を理解したりといったことができた人が、能力を伸ばして多くの仕事を獲得できます。

会社で仕事をする上でも、「今この組織の中で、自分に何が求められているのか」を適切に把握して、上司の意向を踏まえて動ける社員は評価されます。そうしたこともサッカーでは学びやすいのです。

そして「サッカーの上手さ」は時代や状況に応じて変わってきます。前の時代に通用した成功の方程式は、時代とともに使い物にならなくなっていくのです。「強いものが生き残るのではなく、適応したものが生き残る」というダーウィンの進化論に通じる言葉はサッカーにも当てはまります。だからこそ、その時代や状況に応じて、自分を変化して最適化させられる選手は強いです。

それは他の仕事でも、生き方全般でも同じでしょう。「今がどういう時代なのか」「この先はどんな時代になりそうか」「どんな人間が求められるのか」といったことを冷静に分析し、マーケットをリサーチし、自分が置かれている状況を把握しながら、「こういう選択肢が自分にはあるので、この行動をしよう」と判断できる人は、どんな分野でも生き残っていけます。サッカーは、そうした考え方のベースを育んでくれます。身体が強くなる、運動が上手くなる以外の思考が磨かれることもぜひ理解してほしいです。

大事なのは本質を学び、真剣に取り組むこと

ここまで書いたようなサッカーの教育的な効果は、何となくダラダラと練習をしていても得ることはできません。サッカーの競技特性と本質を理解したうえで実践的な練習と試合を重ね、一流選手のプレーからも学んでこそ、子供は成長していきます。

そうやって真剣に取り組まないと身につくものが少ないのは、バスケットボールでも野球でも同じです。子供の頃にやる別の習い事でも、大人の仕事でも同じでしょう。その競技や仕事の特性、自分の強み、業界の動向などを把握した上で、新しいことにトライするからこそ、人は成長でき、その競技や仕事で成果を挙げられます。そして、人生に生きる学びを得ることができるのです。

特別対談
冨樫剛一
横浜F・マリノスユース 監督

年代別日本代表の指導者が、
レアル・ソシエダの下部組織で体感した
日本の指導との違いとは？

冨樫剛一
1971年7月15日、神奈川県生まれ。読売サッカークラブのユースで育ち、読売クラブ / ヴェルディ川崎、コンサドーレ札幌などでプレー。1998年からは指導者に転身し、東京ヴェルディ1969/東京ヴェルディでは育成年代の監督や強化部ダイレクターを歴任。2019年からは年代別日本代表のコーチを務め、2022年から2023年5月にはU-20/U-19日本代表 監督を務めた。2024年からは横浜F・マリノスユース監督を務める。

東京ヴェルディ1969／東京ヴェルディの下部組織や年代別日本代表の指導者として活躍し、現在は横浜F・マリノスユース監督を務めている冨樫剛一氏。

2017年から1年間、日本サッカー協会・Jリーグによる育成年代強化プログラムでレアル・ソシエダ（スペイン）に派遣され、育成組織で指導を行った経験も持っている。

そんな冨樫氏に、スペインの育成と日本の育成の違いについて聞いた。

日本でプロ選手は「なれるもの」。スペインでは「選ばれるもの」

小澤　レアル・ソシエダの育成組織での指導を経験されて、日本とスペインの違いで驚いたことを聞かせてください。

冨樫　下部組織の選手から聞いて印象的だったのが、「プロは選ばれるものだ」という言葉です。日本人の僕らは、プロのサッカー選手は「なれるもの」と夢見て、プロになろうと頑張りますよね。でも彼らは「選ばれるもの」と考え、選ばれるか分からなくても好きなサッカーを楽しんで、上手くなろうと頑張っていました。

またソシエダは地域の200程度のサッカークラブと提携しているため、地域のいい選手が集まってくる仕組みがありました。近隣クラブで目立った実力を持っている選手について、「彼は今のチームで試合に出てもらい、フベニール（17～19歳）のときに来てもらおう」といった話をしているのも聞きました。

小澤　クラブ間で提携があるからこそ、急いで獲得しないケースもあるわけですね。

冨樫　むしろ今のチームで主力として頑張ってもらったほうが、成長の度合いは大きいという考え方ですね。非常に長い目で選手の成長を見守っていると感じました。

小澤　どの程度の伸びしろがあるのかも、それがいつ伸びるかも分からないですからね。

冨樫　また海外のクラブには、日本でいう「心技体」の「体」の部分を伸ばす仕組みもあります。先日マンチェスター・シティの関係者と話をしていたら、「6週間刻みで育成年代の選手には骨休みを与えている」と話していました。サッカーを続けていると、同じような動きの繰り返しで体の特定部位に負担がかかります。そこで疲労骨折することを防いだり、骨の成長が止まるのを防ぐ目的で、長めの休みを与えているそうです。

また心技体の「心」の部分のケアもスペインはしていますね。育成年代にもメンタルトレーナーがいて、2週に1回カウンセリングを受けていたりします。

ポゼッションの練習をしないのにボール回しが上手いワケ

冨樫　ソシエダは月曜日に一回、全カテゴリーが同じ練習しています。そこでクラブのプレーモデルを作っていますが、下部組織が行う週の半ばのトレーニングは、クロスから始めるゴール前のやり合いがほとんどです。

小澤　意外です。もっとポゼッションのトレーニングをしていると想像していました。

冨樫　ポゼッションの練習なんて、ほとんどしません。ただ、ゴール前の攻防では、「より良いポジションを取ること」「よりスピードを上げたパスを出すこと」「より正確なコントロールをすること」が非常に大事になる。そこにサッカーの全てが詰まっているんです。

小澤　サッカーって結局はゴール前からの逆算ですからね。

冨樫　そうなんですよ。しかも日本の指導者からすると、驚くような狭いエリアで8対8の練習をしたりする。で、それがものすごい強度なんです。そんな環境でもオフェンス側はキーパーも含めてビルドアップして、しっかりパスつないでシュートまで行く。ディフェンスも強烈にプレッシャーをかけてきます。そこで必要な技術は全て磨けるわけです。でも日本では、ゴールを意識しない中盤のエリアでのポゼッションの練習をすることも多い。だからゴール方向に進めるシチュエーションでもパスを選択するようになります。「それはサッカーではないのでは？」と思いますよね。

小澤　おっしゃるとおりですね。

冨樫　オサスナの練習も面白かったですよ。オサスナはパス・アンド・コントロールの練習をしないんです。理由を聞いたら、「我々は『味方』『敵』『ボール』『方向』『ゴール』『オフサイド』の要素のない練習は行わないと決めている」と。パス・アンド・コントロールは味方とボールの要素だけなので、練習しないわけです。一方でソシエダの下部組織は柏レイソルのユースと試合をしたとき、「レイソルがいいゲームをしてたから」と練習を見に来て、レイソルがやっていたパス＆コントロールの練習を取り入れていました。だから各クラブが「自分たちがどんなゲームをしていきたいか」「サッカーにおいて何を重視するか」によって練習内容が変わるわけです。でも日本の指導者は、「その練習は何のためにしているの？」と聞かれて答えられますかね？

小澤　あまり考えていないでしょうね。

冨樫　どこかで見つけた練習を組み合わせているだけの場合が多いでしょう。また今の時代はトレーニングメニューもネットや書籍で様々な情報を学ぶことができます。だから世界的なクラブと同じメニューを子どもにやらせることはできます。でも「どんな強度で」「どんな声がけで」やるべきかは全くわからないですよね。それは指導者自身が身につけてきたものですから。

僕も1年間ソシエダにいたので、「ソシエダの練習メニューを教えてほしい」とよく言われますが、頼まれたらメニューは伝えてしまいます。ただ、メニューの内容をコピーしただけで良い指導はできないと思います。

技術より「ビジョン」のある選手を評価する

小澤　日本にはJリーグに加盟するクラブが60あり、全国各地にサッカークラブがある状況になりました。スペインのように地域全体で選手を育成していく仕組みもやはり必要でしょうか？

冨樫　Jリーグのクラブが地域のリーダーとなるなら、「自分たちのサッカー」を確立すべきだと思います。スペインの人たちは「我々バスク人は」「我々ラ・レアルは」といった言い方をしますが、日本ではそういう言い方は少ないですよね。

小澤　スペインは特に地方ごとの民族意識の違いが大きい国ですからね。

冨樫　確かにそうですね。たとえばバスク人と聞くと、身体能力が高くてバトルを厭（いと）わない選手のイメージがパッと浮かびます。でもアトレティック・クルブとレアル・ソシエダは違うサッカーをします。
ソシエダはテクニカルにボールを持ったサッカーを目指している部分に特色があり、それがファンを楽しませています。そのためグリーズマンやオヤルサバル、スビメンディといったテクニック的にも秀でた選手が好まれます。一方でアトレティックはもう少しサッカーがシステマティックで、戦いの部分の激しさがあります。日本にもそうやって「地域のあのクラブのサッカーが面白くて、僕もあのチームに入りたいから、こんな選手になりたい」というイメージがあれば、地域ごとに特色をもった選手が生まれやすくなると思います。

小澤　冨樫さんのいたヴェルディは、まさに「色のあるクラブ」ですよね。最近も森田晃樹のような選手が出てくるのを見て、改めて「ヴェルディすごいな」と感じています。

冨樫　彼も本当に小さかったですから。（森田）晃樹のように「プレーの先を見るビジョン」がある選手をヴェルディは大事にしてきました。ヴェルディと聞くと技術のある選手を思い浮かべる人が多いかもしれないですが、技術より大事にしていたのがビジョンだったと思います。

小澤　それを育む文化はヴェルディにあるのでしょうか?

冨樫　同じ敷地内のグラウンドでトップチーム

の練習を見られたのは大きいと思います。そしてトップの選手も育成年代の子どもたちに加わって、一緒に練習してくれる機会がありました。すると育成年代の子供たちは刺激されて、自分も新しいプレーに挑戦をしていきます。またヴェルディの場合、そうやって刺激を受ける相手は男子の場合もあれば女子の場合もあるんですよね。実際、ボール回しをしていて「一番うまい」と言われていたのは澤穂希でしたから。

小澤　年齢も性別も分け隔てなく入り乱れて練習するんですね。

冨樫　ユースが練習していたところに、次の時間のジュニアユースが入ってきて、近い場所で練習するようなことは多かったです。ソシエダも同じような雰囲気でしたし、育成年代の選手には非常に良い環境だと思います。

「ゴール」という目的や方向のない練習では、スペインの子供はパス回しが下手！

冨樫　このあいだ家の近所の公園で、3人の子供たちが横並びで壁当ての練習をしているのを見て、「これが日本サッカーの現実なんだな」と感じました。試合では、壁からボールは飛んでこないし、壁に向かって蹴らないでしょう？横並びで壁当てをしていてもサッカーは上手くなりません。3人いたら一緒にパスの練習をしたり、1対1をはじめて1人がキーパーをしたりするのが自然じゃないですか。

小澤　ほかのサッカー大国なら、普通に3人で一緒に練習をはじめますよね。

冨樫　スペインの子供たちも、もっと積極的ですよ。育成年代の試合のハーフタイムでも、出場している選手の3歳や4歳の弟とかがどんどん出てきて、みんなが勝手にシュート練習をはじめるんですよ。届くか届かないか分からないレベルなんだけど、それでも思い切り蹴るし、「1人がキーパーをやって止めたら交代」というルールで必死に頑張るんです。それで審判が戻ってきて「ピーッ」と笛を吹いたら、スタンドに戻ってまた試合を見るんです。

小澤　それ、公式戦の話ですか？

冨樫　公式戦ですよ（笑）。

小澤：日本だと怒られますね…（笑）。「今は公式戦だから、そこでボール蹴っちゃダメ！」って。

冨樫　スペインのサッカーは戦術的と言われることが多いですが、その根本には「ゴールを取りたい」「ボールを奪いたい」といった気持ちがあります。その気持ちが発展して高度に戦術的なサッカーになるんですよね。だから日本の子どもたちも、もっとナチュラルにサッカーを楽しむべきだと思います。でも日本の指導者はサッカーをどんどん分解していって、技術に特化するじゃないですか。

小澤　全体像見えないままに、技術の練習ばかりをしますよね。

冨樫　で、実際に試合で役立つトレーニングは少なかったりします。トレーニングは本来、試合から逆算してメニューを組み立てるべきものですが、日本では「そのメニューを重ねても理想とする試合はできないぞ」という練習がされている事が多い。「うまくなるためにドリブルを練習する」とは考えるけど、「試合でそのドリブルをどう使うのか」を考えないんです。

小澤　ソシエダがゴール前の攻防ばかりを練習している話とつながりますね。スペインのクラブがゴール前の攻防ばかり練習しているなんて、日本人の我々は想像できないですから。

冨樫　全くしていないし、自分がいたときにポゼッション練習したら、むしろ下手でしたよ。ボールが10本つながることなんて全然なかったですから。

小澤　でも、試合だとできるわけでしょう？それはなぜなんですか？

冨樫　ゴールという目的があり、その方向に向かってプレーするからでしょう。ディフェンスも同じです。相手のゴールを阻止しなきゃいけないから、いいポジションに立つ必要があるし、ボールサイドに集まってボールを奪おうとする。すると攻撃側は、ボールを動かしてサイドチェンジを試みる。サッカーって結局そういうことじゃないですか。でも、ただ「ボールを動かせ」と言われても、スペインの子供たちもその意味合いが分からなくなるんじゃないかなと。

小澤　非常に納得できる話です。

冨樫　僕が指導したときも、スペインの子供たちって「この選手はここにパスして、その後でこう動きなさい」と伝えても本当によく間違えるんですよ。でもゴールを目指す道のりを説明したうえで各ポジションの役割と動きを伝えたら、そこから間違わなくなった。でもこれ、日本の選手は詳しく説明しなくても間違えないんです。

小澤　言われた通りにやってくれるでしょうね。

冨樫　でも日本の選手が、試合のシチュエーションに置き換えてプレーをできているかといったら、そうじゃないと思う。

小澤　どっちが試合に近いかというと、スペインのほうが近いんですよね。

冨樫　それはスペインで驚いたことだし、自分の過去の指導を振り返って落ち込んだことでもありました。そのため帰国後は、単純なパス・アンド・コントロールの練習でも、自分のポジションをイメージしてプレーすることを伝えています。センターバックにはセンターバックのプレーイメージを伝えるだけでも、練習の質は本当に変わるんですよね。

育成年代の世界一を取れば、日本は本当の「サッカーが強い国」になる

小澤 冨樫さんが現状の日本の育成環境で「スペインを参考に改善すれば良くなる」と思う部分はどこですか？

冨樫 一つは休みの取り方ですね。日本の選手たちは例えば2週間程度海外で練習参加をした時にも、オフがあると「冨樫さん、明日何をすればいいんですか？」と聞いてくるんですよ。

小澤 2週間しかないから、毎日練習したくてしょうがないんでしょう（笑）。

冨樫 休みの取り方が分からないんでしょうね。でも、休んだらサッカーをしたくなるんです。日本の僕らは毎日サッカーをしてきて、それに疲れてきました。だから例えば3時間の練習をする場合は、最後まで練習を続けられるように、どこかで軽く流すでしょう？

小澤 ずっと全力は無理ですからね。

冨樫 スペインの場合は、先ほども言ったように強度が違うんですよ。トレーニングも始まったら休みなく続きます。トレーニングで休みがない分、トレーニングがない時にしっかり休みを取る。そこでリフレッシュして、サッカーへ

ます。

小澤　ＪＦＡのトップダウンで、日本の育成年代も夏場はシーズンオフにしましょう。

冨樫　協会にも海外のサッカーをインプットしていて、海外の良い習慣を取り入れようと頑張っている人は何人もいます。タイミングは分かりませんが、そうした休む習慣のルールも整備されていくと思います。

小澤　日本のサッカーは強くなりましたけど、育成年代の環境を見ると、まだまだできることはあると僕は思っています。冨樫さん自身の今の認識はいかがですか？

冨樫　日本代表も世界一にはなっていないし、僕らはまだ何も成し遂げていません。サッカー文化が本当に豊かになったかというと、そうは言えない部分もあります。いま世界で強豪と呼ばれている国は、やはり選手の育成を継続的に行ってきた国ですから、僕らのような育成年代の指導者には、育成年代で世界一を取る使命があると感じています。そこで自分にできることを僕も頑張っていきたいですね。

あとがき

たった2年の新卒社会人経験を経て単身スペイン移住をしたのが2004年。今からもう20年も前のことになりました。スペインで計5年暮らし、バレンシア市内にある街クラブでアシスタントコーチを1年半務めた経験はサッカージャーナリストのキャリアにとっても私の人生にとっても、それは大変貴重なモノとなりました。

本書はもう20年近くも前になるスペインでの経験をベースに執筆しており、私が日本に本帰国をした2010年前後から変わらず日本の育成環境の不整備と非効率性を指摘し続けてきています。しかし、息子2人が4種の小学生年代でサッカーをするようになった昨今、私は「日本サッカーの未来そのものの4種はまだこんな状況なのか…」と暗澹（あんたん）たる気持ちを抱いています。

急速に時代が移り変わり、日本の少子高齢化が進む日本において現状維持は明確な停滞・低迷を意味します。事実、これだけエンタメもスポーツも選択肢が増えた日本において、サッカーはエンタメでも子供たちが習い事で始めるスポーツにおいても絶対的地位を確保しきれていません。人気、普及両面での日本サッカー界の地盤沈下は、水面下で着実に進んでいます。ただ、強化の面では日本代表が202

2年に行われたカタールW杯でドイツ、スペインに勝利したことで何となく「上手くいっている」「強くなっている」という空気が蔓延(まんえん)しています。ポジティブな空気感に包まれること自体は否定しませんし、確かに日本サッカー界単体で見た時には進化や成長があるのは事実でしょう。ただ、ピラミッドの頂点、日本代表の成績だけしか見えていない人たちには是非、小学生4種の現状に目を向けてもらいたいのです。なぜなら、この年代の子供たちこそが日本サッカーのみならず、日本という国自体の未来なのですから。

私自身、ジャーナリストとして様々な媒体やオウンドメディアにおいてこれまで4種の現状やスペインと比較した際の改善点を指摘し続けてきましたが、やはりペンの限界も知りました。にもかかわらず、本書のように育成に特化したサッカー本を出すのですから矛盾があるように感じられるかもしれませんが、私はやはり子供たちの可能性とサッカーの価値を心から信じているのです。

2004年のスペイン移住から20年が経った2024年、私は家族を連れて再びスペインへと移住することに決めました。もちろん、私のサッカージャーナリストのキャリアアップが第一の目的ではあるのですが、息子2人をスペインの育成環境に放り込んだ上で、改めてリアルで最新版のスペインサッカーとそこでの育成を体感してこようと思っています。それは息子たちのためでもありますが、同時にこれまでペンの力では伝えきれなかったスペインサッカーのリアルと育成の真髄を動画中心に日本に伝えてみようと考えています。

百聞は一見にしかずではないですが、どれだけ本書で効率的かつ戦術的なスペインサッカーにおける育成を説明しても見たことがない世界ゆえに、ほとんどの人が「そうなんだ」という感想程度で真の理解までは至っていないはずです。だったら長々とこんな本でスペインサッカーを語るなと怒られそうですが（苦笑）、まずはスペインサッカーの真髄たる育成に興味を持ってもらうきっかけ、入口になってもらうことが本書を世に送り出した筆者なりの大義名分です。

もちろん、20年近い年月を経てスペインのサッカーも育成も大きく変化しているでしょう。その変化にはプラスもマイナスも間違いなくあるはずですから、それを包み隠さず現地からお届けしようと思っていますし、本書の第二弾が出せる日が来るといいな、とも思っています。

悔しいかな、本書では基本的にスペインの育成を褒め、日本の育成をけなしています。私は日本人でありスペインのサッカーに強くなってもらいたいとはこれっぽっちも思っていないのでこのスタンスは本意ではなく心底悔しいのです。

いくらカタールW杯でスペインに日本代表が勝っても国としてのサッカー文化、国民の関心事としてのサッカーの存在を比べるとまだまだ日本はスペインに勝てていません。その理由と差は子供たちがサッカーを始め、家庭内でサッカーが大きな関心事になる小学生年代の4種にあります。

4種を中心とした育成環境の改善なくして日本サッカーの発展なし。
サッカーやスポーツの文化醸成なくして日本という国の成熟なし。

大袈裟な表現に聞こえるかもしれませんが、私は本気でそう思っています。本当の意味でスペインのようなサッカー大国に育成環境面で追いつき、追い越す国になることができれば、サッカーのみならず日本という国の未来も確実に明るくなるでしょう。そう私は確信しています。そのためにも大変で色々なものを捨てなくてはいけませんが、我が息子たちのため、日本のサッカー少年少女たちのため、またスペインで闘ってきます。

本書に興味を持って頂けたこと、ここまでお読み頂けたことに心から感謝致します。また第二弾となる書籍で再会できる日を楽しみにしています。

小澤　一郎（おざわ・いちろう）

1977年京都府生まれ。サッカージャーナリスト。早稲田大学卒業後、サラリーマンを経てスペインへ渡り、スポーツライターとしての活動を開始。現在はU-NEXTでLALIGAの解説者を務め、サッカー関連番組のMCやコメンテーターとしての出演実績も多数あり。YouTubeチャンネルを中心にスペインサッカーの情報を発信中。日本とスペインの両国で育成年代の指導経験を持つ。主な著書に『スペインサッカーの神髄』『サッカー日本代表の育て方』『サッカー選手の正しい売り方』などがある。

自主練（じしゅれん）もドリブル塾（じゅく）もないスペインで「上手（うま）い選手（せんしゅ）」が育（そだ）つワケ

2024年 6月14日　初版発行
2024年10月23日　6刷発行

著　者　小　澤　一　郎
発行者　和　田　智　明
発行所　株式会社　ぱ る 出 版

〒160-0011　東京都新宿区若葉1-9-16
03(3353)2835―代表
03(3353)2826―FAX
印刷・製本　中央精版印刷(株)
本書籍に関するお問い合わせ、ご連絡は下記にて承ります。
https://www.pal-pub.jp/contact

ISBN978-4-8272-1445-1　C0075